この本《ほん》に登場《とうじょう》する西郷隆盛《さいごうたかもり》をとりまく人《ひと》たちを紹介《しょうかい》します。

西郷《さいごう》とともに幕末《ばくまつ》・明治《めいじ》に活躍《かつやく》した人《ひと》びと

初登場《はつとうじょう》のページが書《か》いてあるので参考《さんこう》にしてください。

西郷隆盛
1827-1877
さいごうたかもり

この本《ほん》の主人公《しゅじんこう》で、幕末《ばくまつ》のリーダー。薩摩藩《さつまはん》の先頭《せんとう》に立って激動の運命に立ちむかいつづけ、多《おお》…
ために…

大久保利通
1830-1878
おおくぼとしみち

西郷《さいごう》の幼《おさな》なじみでともに幕末《ばくまつ》に薩摩藩《さつまはん》で活躍《かつやく》。のちに西郷《さいごう》、木戸孝允《きどたかよし》とともに「維新《いしん》の三傑《さんけつ》」ともいわれた。明治時代《めいじじだい》には政治家《せいじか》として次《つぎ》つぎと改革《かいかく》を進《すす》めた。

4 ページ

島津斉彬
1809-1858
しまづなりあきら

西郷《さいごう》の力《ちから》を見抜《みぬ》き、取《と》りたてた薩摩藩主《さつまはんしゅ》。一橋慶喜《ひとつばしよしのぶ》を次《つぎ》の幕府《ばくふ》の将軍《しょうぐん》にしようとしていた。

28ページ

月照
1813-1858
げっしょう

京都《きょうと》にある清水寺《きよみずでら》の僧侶《そうりょ》。天皇《てんのう》を政治《せいじ》の中心《ちゅうしん》とするために活動《かつどう》していて、西郷《さいごう》と親《した》しくなる。

39ページ

井伊直弼
1815-1860
いいなおすけ

江戸幕府《えどばくふ》の大老《たいろう》。幕府《ばくふ》の政策《せいさく》に反対《はんたい》するものたちをきびしくとりしまり、安政《あんせい》の大獄《たいごく》をおこす。

39ページ

信念《しんねん》をつらぬいた明治維新《めいじいしん》のリーダー

西郷隆盛

まんが **海野そら太**　シナリオ **三上修平**　監修・解説 **多摩大学客員教授 河合 敦**

集英社版・学習まんが **世界の伝記NEXT**

世界《せかい》の伝記《でんき》NEXT《ネクスト》

西郷隆盛《さいごうたかもり》

もくじ

※ この本《ほん》を読《よ》むまえに ※

●この「学習《がくしゅう》まんが・世界《せかい》の伝記《でんき》NEXT《ネクスト》」は、いろいろな分野《ぶんや》で偉業《いぎょう》をなしとげた人《ひと》たちの生涯《しょうがい》を漫画《まんが》でわかりやすく構成《こうせい》した本《ほん》です。

●むずかしいと思《おも》われることば、できごとなどは、そのページの欄外《らんがい》に説明《せつめい》してあります。

●解説《かいせつ》は、この巻《かん》で扱《あつか》った人物《じんぶつ》にくわしい方《かた》にわかりやすく書《か》いていただきました。本文《ほんぶん》と合《あ》わせて読《よ》むことによっていっそう理解《りかい》が深《ふか》まります。

●年表《ねんぴょう》には、この巻《かん》で扱《あつか》った人物《じんぶつ》の生涯《しょうがい》を中心《ちゅうしん》に、そのころおこった世界《せかい》や日本《にほん》のできごとをのせてあります。歴史《れきし》の知識《ちしき》もあわせて身《み》につきます。

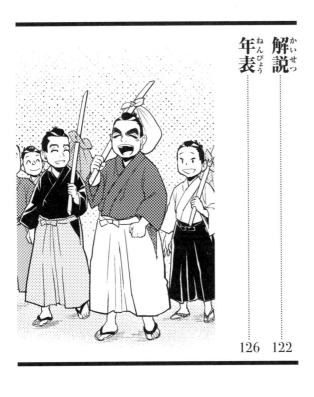

小吉《こきち》から吉之助《きちのすけ》へ

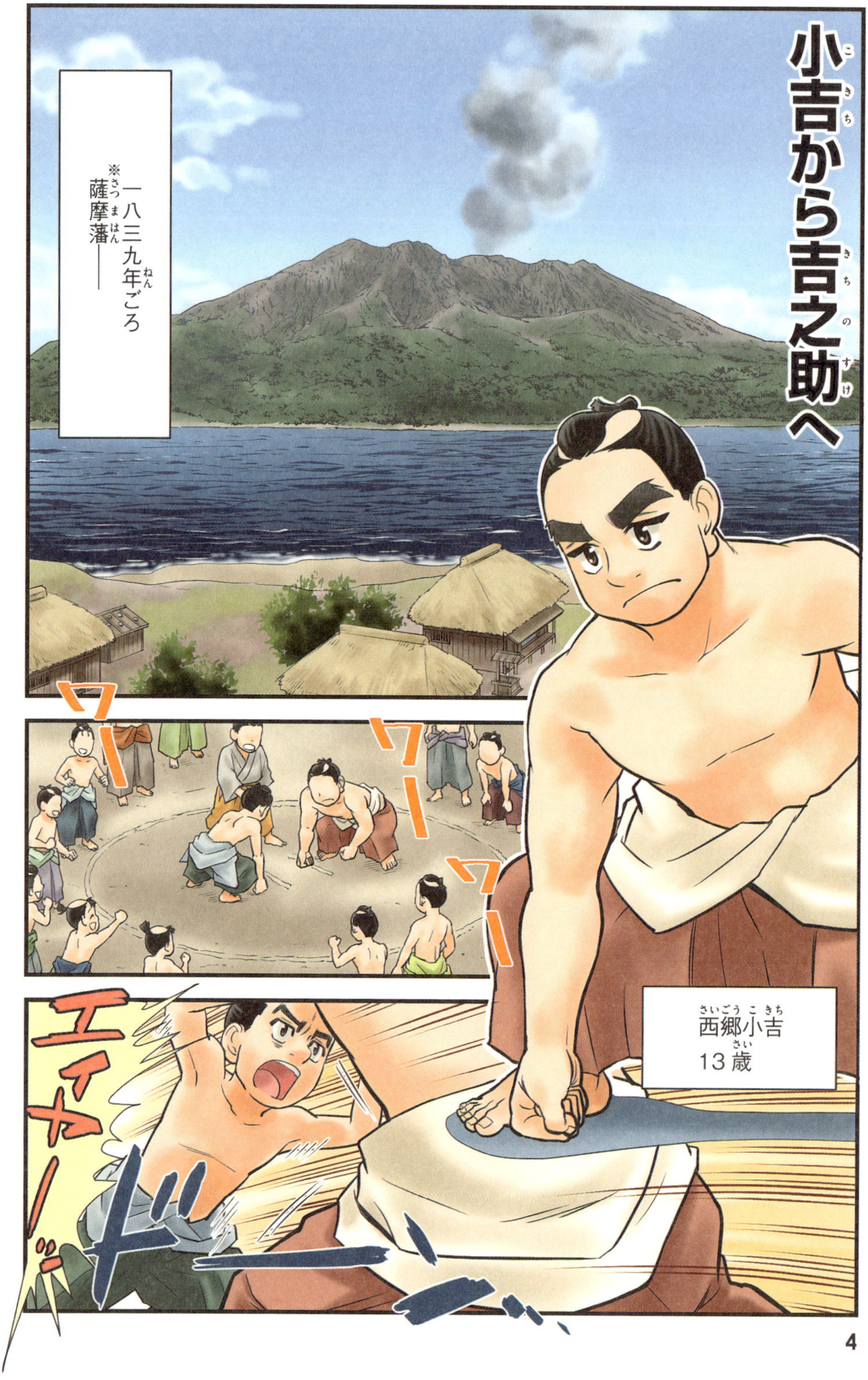

※薩摩藩《さつまはん》…江戸時代《えどじだい》、大名《だいみょう》の島津氏《しまづし》が治《おさ》めていた領地《りょうち》で、現在《げんざい》の鹿児島県《かごしまけん》を中心《ちゅうしん》にした地域《ちいき》にあたります。

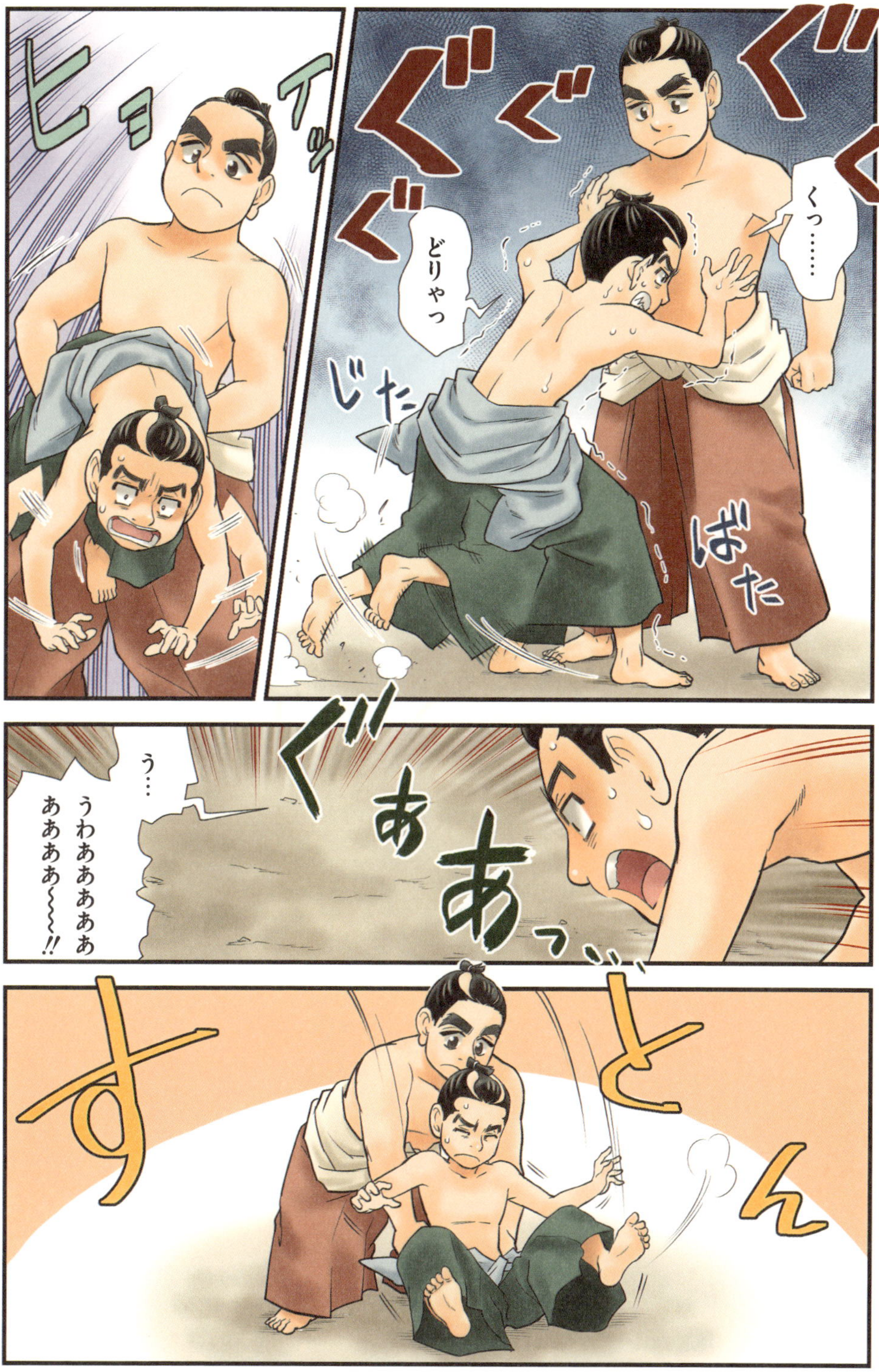
ぐぐぐぐ
くっ……
どりゃっ
じた
ばた
ヒョイッ
う…
うわああああああああああ~~~!!
ぐぁあっ
すとん

また負《ま》けじゃ！
小吉《こきち》どんは あいかわらず 強《つよ》いのう……
正助《しょうすけ》どんも なかなかのもんじゃ！
大久保正助《おおくぼしょうすけ》 10歳《さい》
小吉《こきち》どん！ 次《つぎ》はわたしと！
いや こっちが 先《さき》じゃ～～
とりゃーーっ!!
小吉《こきち》どん！
ようし 全員相手《ぜんいんあいて》になるぞ!!
ならんで かかってきなさい！

※明治維新《めいじいしん》…江戸時代末期《えどじだいまっき》から明治時代初《めいじじだいはじ》めにかけての、社会《しゃかい》の大《おお》きな変化《へんか》のことです。

※チェスト…薩摩《さつま》の方言《ほうげん》で、気合《きあ》いを入《い》れるときのかけ声《ごえ》です。

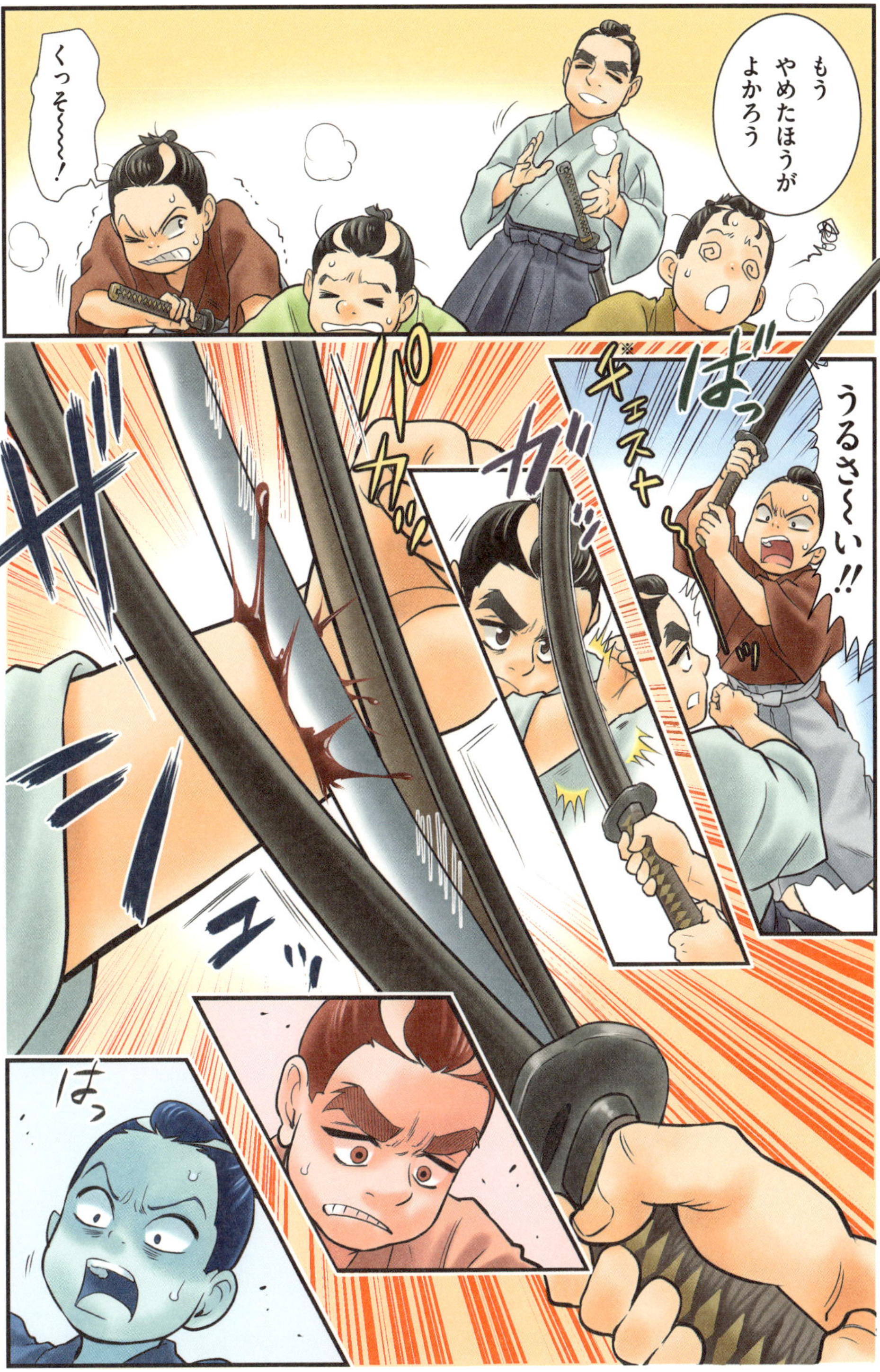
もう
やめたほうが
よかろう
くっそ〜〜〜!
ばっ
チェストー
うるさ〜い!!
ガッ
パカッ
ザシュッ
はっ

※切腹《せっぷく》…責任《せきにん》をとったり、おかした罪《つみ》を自《みずか》らさばいたりするため、武士《ぶし》が腹《はら》を切《き》って死《し》ぬことです。

はよう!!
ダダダッ
す……
すまぬ……!!
あっ 小吉《こきち》どんじゃ!
キャッ
たた
小吉《こきち》どーん
キャッ
たた
……
ザッ
このままにするつもりか?
よかよか
あいつもわざとやったわけじゃなかろう
こんなことで命《いのち》を落《お》としては気《き》のどくじゃ!
ワイ
ワイ
ワーイ
小吉《こきち》どんが大《おお》きいのは体《からだ》だけじゃないのう……

西郷《さいごう》小吉《こきち》、のちの隆盛《たかもり》は、
一八二七年《ねん》一二月《がつ》、薩摩《さつま》藩城下《はんじょうか》の下加治屋町《しもかじやちょう》に西郷吉兵衛《さいごうきちべえ》の長男《ちょうなん》として生《う》まれました。
兄上《あにうえ》の腕《うで》はだいじょうぶ?
いや……
治《なお》ってももう刀《かたな》は使《つか》えんそうじゃ……
そんなのいやじゃあ!
うわあああん
わ〜〜ん
なんのなんのたいしたことなか!
もともと剣術《けんじゅつ》は苦手《にがて》じゃったし
でもおすもうは取《と》れるでしょ?

ヒョイッ
わあっ
もちろんじゃ！だれにも負《ま》けんぞ！
……
だが
すもうが強《つよ》くても お城《しろ》のつとめでは 役《やく》に立《た》たぬ……
なに！
こうなれば 学問《がくもん》をがんばって お殿《との》さまにおつかえ するまでです！

※元服《げんぷく》…成人《せいじん》となる儀式《ぎしき》のことです。当時《とうじ》は一二～一六歳《さい》ぐらいでおこなわれました。

ようし あと三〇〇回《かい》！
チェスト
がんばれ！
ガッ ガッ ガッ ガッ ガッ
一八四一年《ねん》、小吉《こきち》は一五歳《さい》で元服《げんぷく》し、名《な》を吉之助《きちのすけ》と改《あらた》め、
二才《にせ》として稚児《ちご》たちに読《よ》み書《か》きや武術《ぶじゅつ》などを教《おし》えました。
負《ま》けるな！うそをつくな！弱《よわ》い者《もの》をいじめるな！
これが薩摩武士《さつまぶし》の三つのいましめじゃ！
さあ…みんないっしょに！
負《ま》けるな うそをつくな 弱《よわ》いものを いじめるな!!

吉之助《きちのすけ》のいうことは稚児《ちご》たちもよく聞《き》くのう
やはり二才《にせ》のなかでも吉之助《きちのすけ》は頭《あたま》一つ抜《ぬ》けておる
二才頭《にせがしら》は吉之助《きちのすけ》で決《き》まりだな！
吉之助《きちのすけ》どん！たのんだぞ！
おう！もちろんじゃ正助《しょうすけ》どん！
吉之助《きちのすけ》は仲間《なかま》からも稚児《ちご》からも信頼《しんらい》され、薩摩《さつま》の若者《わかもの》のリーダーとなっていったのでした。

※郡方書役《こおりかたかきやく》…農村《のうそん》を見回《みまわ》って農民《のうみん》たちを管理《かんり》し　年貢《ねんぐ》をおさめさせる仕事《しごと》。「助《たすけ》」とは、その助手《じょしゅ》です。

西郷吉之助《さいごうきちのすけ》……
自分《じぶん》の利益《りえき》しか考《かんが》えない者《もの》が多《おお》いなか感心《かんしん》な若者《わかもの》だ
迫田太次右衛門《さこたたじえもん》
吉之助《きちのすけ》の上司《じょうし》
たいへんだあ――！
五平《ごへい》のやつがゆうべ姿《すがた》をくらましてしまいました！
なにっ!?
また農民《のうみん》が……
ボロ
ボロ

※凶作《きょうさく》…作物《さくもつ》のできが悪《わる》いことです。

※年貢《ねんぐ》…農村《のうそん》から取《と》りたてる税《ぜい》で、米《こめ》や金銭《きんせん》で支払《しはら》われました。

西郷《さいごう》くん きみはまだ若《わか》い
経験《けいけん》をつみ 学《まな》んで力《ちから》をつけ
やがては きみが藩《はん》の政治《せいじ》を 正《ただ》すんだ！
それから しばらくして……
迫田《さこた》さまが奉行所《ぶぎょうしょ》を 去《さ》っていかれる なんて……
西郷《さいごう》さま どんな意味《いみ》 なんですか？
虫よ虫よ 五ふし草の
根を断つな
断たばおの
共に枯
「イネを食《く》い荒《あ》らす 虫《むし》のような者《もの》たちよ 農民《のうみん》をいじめるな
農民《のうみん》がほろびれば 自分《じぶん》たちもほろびる ことになるぞ」
という意味《いみ》じゃ

迫田《さこた》さま……
……
わしは決《けっ》して
あきらめん……!!
武士《ぶし》だけでなく農民《のうみん》など
みなのために藩《はん》を
動《うご》かさなければ……!!
くやしいのう
上役《うわやく》たちには
腹《はら》が立《た》ってならん!
だが
おれたちが
いくらさわいでも
意見《いけん》なんぞ
聞《き》いてももらえん!

わしら若手《わかて》が
藩《はん》を動《うご》かすことなぞ
無理《むり》じゃ！
そ…
そんなことはない！
あきらめたら
それこそ
なにも変《か》わらん……
そのとおりだ！
赤山《あかやま》さま！
赤山靭負《あかやまゆきえ》――
吉之助《きちのすけ》の父《ちち》の上司《じょうし》で
あこがれの人《ひと》でした。
あいかわらずだな
吉之助《きちのすけ》

正《ただ》しいと思《おも》うなら藩《はん》を動《うご》かすことをあきらめてはならん
天《てん》はいつもわれわれを見《み》ておる
どんなときもどんな立場《たちば》にあっても……
天《てん》に恥《は》じない正《ただ》しい道《みち》こそがわれらの進《すす》む道《みち》だ!!
はいっ!!

※むほん…家臣《かしん》など下《した》の立場《たちば》にある者《もの》が、主君《しゅくん》など上《うえ》の立場《たちば》の者《もの》にそむいて反逆《はんぎゃく》することです。

次《つぎ》の年《とし》、赤山靭負《あかやまゆきえ》は切腹《せっぷく》を命《めい》じられてしまったのでした。
うわあああああああ
なぜじゃ……
なぜ赤山《あかやま》さまが死《し》ななければならんのじゃ!!
ズッ
こ……これは……
赤山《あかやま》さまが切腹《せっぷく》のときに身《み》につけておられたものじゃ
おまえに形見《かたみ》としておくりたいといわれてのう……

この志《こころざし》は しかと 受《う》けつぎました！
赤山《あかやま》さま 見守《みまも》っていて ください……!!
吉之助《きちのすけ》 信《しん》じて いるぞ……
正《ただ》しい道《みち》を つき進《すす》め!!
ザザ
赤山《あかやま》さまは 命《いのち》をかけて 藩《はん》を変《か》えようと なされた
わしは あきらめずに藩《はん》に うったえていく！

おれたちも吉之助《きちのすけ》どんと同《おな》じ思《おも》いじゃ！
おぬしについていく！
わしらで藩《はん》の政治《せいじ》を変《か》えるんじゃ――っ!!
吉之助《きちのすけ》や大久保《おおくぼ》を中心《ちゅうしん》に、強《つよ》い意志《いし》を持《も》った若《わか》い藩士《はんし》たちは、
おお――っ!!
のちに薩摩藩《さつまはん》の政治《せいじ》をになっていくのです。

島津斉彬《しまづなりあきら》との出《で》会《あ》い

一八五一年《ねん》、島津斉彬《しまづなりあきら》が薩摩藩《さつまはん》の新《あたら》しい藩主《はんしゅ》になりました。
強力《きょうりょく》な軍艦《ぐんかん》や大砲《たいほう》を使《つか》い、力《ちから》でアジアを侵略《しんりゃく》しようとする西洋《せいよう》の国《くに》ぐにに、斉彬《なりあきら》は強《つよ》い危機感《ききかん》をいだいていました。
島津斉彬《しまづなりあきら》

そこで斉彬《なりあきら》は※集成館《しゅうせいかん》を建《た》て、
新《あたら》しい技術《ぎじゅつ》を取《と》りいれるのだ
西洋《せいよう》の技術《ぎじゅつ》を取《と》りいれ、薩摩藩《さつまはん》の近代化《きんだいか》、工業化《こうぎょうか》を進《すす》めていきました。

※集成館《しゅうせいかん》…島津斉彬《しまづなりあきら》がつくった、西洋式《せいようしき》の産業《さんぎょう》をおこなうための施設《しせつ》です。西洋式《せいようしき》の船《ふね》や大砲《たいほう》、またガラスや糸《いと》の製造《せいぞう》など、広《ひろ》く事業《じぎょう》がおこなわれました。二〇一五年《ねん》にユネスコの世界遺産《せかいいさん》に選《えら》ばれました。

※中小姓《ちゅうこしょう》…殿《との》さまの身近《みぢか》につかえ、さまざまな雑用《ざつよう》をこなす役職《やくしょく》です。

※参勤交代《さんきんこうたい》…諸国《しょこく》の大名《だいみょう》が定期的《ていきてき》に江戸《えど》と国元《くにもと》を往復《おうふく》する江戸時代《えどじだい》の制度《せいど》です。

わしのような下《した》っぱ役人《やくにん》に目《め》をかけてくださるとは
ようしりっぱにつとめてみせるぞ!!
一八五四年《ねん》、吉之助《きちのすけ》は参勤交代《さんきんこうたい》のおともとして江戸《えど》に向《む》かうことになりました。
このとき、二八歳《さい》になっていました。
参勤交代《さんきんこうたい》の途中《とちゅう》薩摩藩《さつまはん》の藩境《はんざかい》で……
西郷吉之助《さいごうきちのすけ》というのはどの者《もの》だ?
あちらの大男《おおおとこ》でございます
どーーーん
おおどっしりとした大男《おおおとこ》
なんともどうどうとしたすがただ……

※薩摩藩邸《さつまはんてい》…現在《げんざい》の東京都品川区高輪《とうきょうとしながわくたかなわ》にあった薩摩藩《さつまはん》の屋敷《やしき》です。江戸《えど》にはほかにも数か所《すうしょ》に藩邸《はんてい》がありました。

殿《との》さまが わしの意見書《いけんしょ》を……!?
いままでずっと わしらの意見《いけん》など聞《き》いて もらえなかったのに…… 斉彬《なりあきら》さまは 聞《き》いてくださった……!!
これからは わたしの使《つか》いとして さまざまな人《ひと》に 会《あ》ってもらう
よってそちを ※庭方役《にわかたやく》に任命《にんめい》する
……庭方役《にわかたやく》?
藩主《はんしゅ》というのは かってに出《で》かけたり 人《ひと》に会《あ》ったりできんのだ
だからそちには わたしの手足《てあし》となって 大《おお》いに働《はたら》いてもらいたい
薩摩《さつま》のため そして……

※庭方役《にわかたやく》…主君《しゅくん》のそばにつかえ、主君《しゅくん》じきじきのひみつの用《よう》などのために働《はたら》く人《ひと》です。庭番《にわばん》ともいいます。

これからの日本《にほん》のために……!!
ばばっ
ははーーっ!!
日本《にほん》のため……!!
藩《はん》のことだけでなくこの国《くに》のことも考《かん》えておられるとは……!!
斉彬《なりあきら》さまはなんて……
なんて大《おお》きなお方《かた》なのだ……!!

※水戸藩《みとはん》…江戸時代《えどじだい》、現在《げんざい》の茨城県《いばらきけん》の一部《いちぶ》を領地《りょうち》にしていました。将軍家《しょうぐんけ》に次《つ》ぐ地位《ちい》にあった徳川御三家《とくがわごさんけ》のひとつです。

幕末《ばくまつ》の日本《にほん》と黒船来航《くろふねらいこう》

江戸時代《えどじだい》、日本《にほん》は海外《かいがい》との貿易《ぼうえき》を中《ちゅう》国《ごく》やオランダなど数《すう》か国《こく》に限《かぎ》った状態《じょうたい》でした。しかし、江戸時代《えどじだい》も終《お》わりごろになると、ロシアやイギリスなどが貿易《ぼうえき》を求《もと》めて日本《にほん》をおとずれるようになります。

一八五三年《ねん》、アメリカのペリーが四隻《せき》の蒸気船《じょうきせん》（黒船《くろふね》）で日本《にほん》をおとずれました。そして、圧倒的《あっとうてき》な武力《ぶりょく》を背景《はいけい》に、幕府《ばくふ》に貿易《ぼうえき》や長《なが》い航海《こうかい》の補給港《ほきゅうこう》を求《もと》めます。一年後《ねんご》の返答《へんとう》を約束《やくそく》した幕《ばく》府《ふ》は、一八五四年《ねん》に再《ふたた》びおとずれたペリーと日米和親条約《にちべいわしんじょうやく》を結《むす》びます。この後《あと》、幕府《ばくふ》はイギリス、ロシア、オランダとも同《おな》じ条約《じょうやく》を結《むす》ぶことになってしまいます。そして、さらに不平等《ふびょうどう》な条《じょう》約《やく》をおしつけられてしまうのです。

この黒船《くろふね》の来航《らいこう》は、多《おお》くの人《ひと》たちにこれからの日本《にほん》を考《かんが》えるきっかけをあたえました。

※藤田東湖《ふじたとうこ》（一八〇六〜五五）…水戸藩《みとはん》の学者《がくしゃ》です。天皇《てんのう》を尊敬《そんけい》して、天皇《てんのう》のもとに結集《けっしゅう》し、外国《がいこく》の敵《てき》を追《お》いはらという尊王攘夷《そんのうじょうい》（尊攘《そんじょう》）論《ろん》をとなえました。※ミカド…天皇《てんのう》のことです。

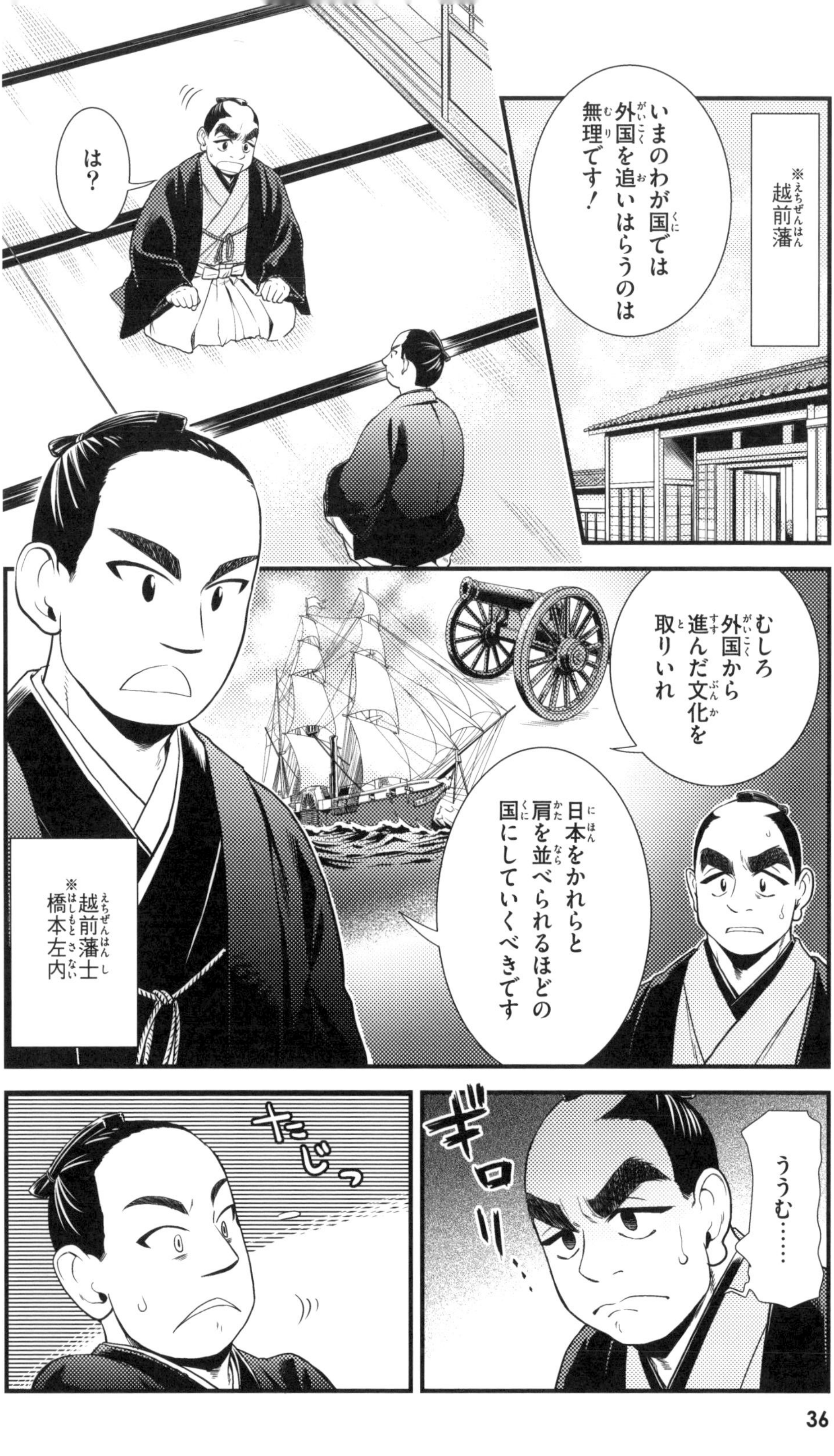

※越前藩《えちぜんはん》…江戸時代《えどじだい》に、現在《げんざい》の福井県《ふくいけん》の大部分《だいぶぶん》を領地《りょうち》にしていました。
※橋本左内《はしもとさない》（一八三四〜五九）…福井藩《ふくいはん》の藩士《はんし》で、藩《はん》の政治《せいじ》の改革《かいかく》に取《と》りくみました。

いやぁ！
すばらしい！
水戸《みと》の藤田先生《ふじたせんせい》とはちがうが橋本《はしもと》どのの意見《いけん》ももっともじゃ！
わたしより七歳《さい》も年下《としした》なのにこの国《くに》のことをよく考《かんが》えておられる！
日本《にほん》のためにともにがんばりましょう！
なるほど……
体《からだ》が大《おお》きいだけの人《ひと》ではないようだ……
こうして吉之助《きちのすけ》は多《おお》くの人《ひと》たちと知《し》り合《あ》い、さまざまな活動《かつどう》をしました。

※朝廷《ちょうてい》…天皇《てんのう》を頂点《ちょうてん》として、貴族《きぞく》が政治《せいじ》をおこなう場所《ばしょ》と仕組《しく》みのことです。

※一橋慶喜《ひとつばしよしのぶ》（一八三七〜一九一三）…水戸藩主《みとはんしゅ》、徳川斉昭《とくがわなりあき》の子《こ》で、後《のち》の徳川慶喜《とくがわよしのぶ》です。

※清水寺《きよみずでら》…現在《げんざい》の京都市東山区《きょうとしひがしやまく》にある寺院《じいん》です。※近衛忠熙《このえただひろ》…公卿《くぎょう》（位《くらい》の高《たか》い貴族《きぞく》）で、妻《つま》が島津家出身《しまづけしゅっしん》でした。

会《あ》った人《ひと》はみんな あなたにほれこんで いましたぞ
まじめで おおらかな お人柄《ひとがら》だと
いやいや
わたしはただ 斉彬《なりあきら》さまのお考《かんが》えを 実現《じつげん》するために 走《はし》り回《まわ》っているだけです
いえいえ
斉彬公《なりあきらこう》もあなたを 信《しん》じているからこそ 大仕事《おおしごと》をまかせて いるのです
はっはっはっ
いやいやいや 月照《げっしょう》さまこそ われわれ薩摩《さつま》につくし てくださってる……
吉之助《きちのすけ》らの努力《どりょく》のかいあって 次《つぎ》の将軍《しょうぐん》は一橋慶喜《ひとつばしよしのぶ》に 決《き》まりそうだと 思《おも》われたのですが……

※大老《たいろう》…臨時《りんじ》に置《お》かれる幕府《ばくふ》の最高職《さいこうしょく》です。

うそじゃ
ガタ
ガタ
ガタ
ガタ
そんなはずはない……!
わああああああっ
わしは信《しん》じないぞ!!
なんと島津斉彬《しまづなりあきら》が病気《びょうき》でたおれ、急死《きゅうし》してしまったのです。
終《お》わった……
すべてが終《お》わってしまった
もう夢《ゆめ》も希望《きぼう》も消《き》えうせた……

ギャ…
いまのわしにできることは……
斉彬《なりあきら》さまにおともすること……!!
それはなりませぬぞ!!
月照《げっしょう》さま!
あなたが死《し》んで斉彬公《なりあきらこう》が喜《よろこ》ぶとお思《おも》いか?

斉彬公《なりあきらこう》の遺志《いし》を受《う》けつぎ実現《じつげん》することがあなたのやるべきことではありませぬか!!
うわああああああ……
島津斉彬《しまづなりあきら》の死《し》は吉之助《きちのすけ》にとってはじめての大《おお》きな挫折《ざせつ》でした。
しかし、
このあと、さらに大《おお》きな苦難《くなん》が吉之助《きちのすけ》を待《ま》ち受《う》けていたのです。

安政《あんせい》の大獄《たいごく》の影響《えいきょう》

安政《あんせい》の大獄《たいごく》には、西郷隆盛《さいごうたかもり》が島津斉彬《しまづなりあきら》の命令《めいれい》で動《うご》いた次期将軍《じきしょうぐん》の問題《もんだい》が深《ふか》くかかわっています。そもそも、次期《じき》将軍《しょうぐん》に一橋慶喜《ひとつばしよしのぶ》をおした人《ひと》びとを、井伊直弼《いいなおすけ》が処罰《しょばつ》したことが、安政《あんせい》の大獄《たいごく》のはじまりでした。

その後《ご》、弾圧《だんあつ》はさらに強《つよ》まり、西郷《さいごう》とともに活動《かつどう》していた橋本左内《はしもとさない》を処刑《しょけい》。不平等《ふびょうどう》な条約《じょうやく》を結《むす》んだ幕府《ばくふ》を批判《ひはん》した長州藩《ちょうしゅうはん》（山口県《やまぐちけん》）の吉田松陰《よしだしょういん》も処刑《しょけい》されました。松陰《しょういん》は長州藩《ちょうしゅうはん》で松下村塾《しょうかそんじゅく》という私塾《しじゅく》を開《ひら》いており、高杉晋作《たかすぎしんさく》や伊藤博文《いとうひろぶみ》など、幕末《ばくまつ》や明治時代《めいじじだい》に活躍《かつやく》する人《ひと》びとを多《おお》く育《そだ》てました。

安政《あんせい》の大獄《たいごく》によって、多《おお》くの人《ひと》が犠牲《ぎせい》となり、いったんは幕府《ばくふ》に反対《はんたい》する者《もの》たちの力《ちから》が弱《よわ》まりました。しかし同時《どうじ》に、幕府《ばくふ》は多《おお》くの人《ひと》びとのうらみをかい、幕府《ばくふ》をたおそうとする運動《うんどう》のきっかけのひとつともなったのです。

そして、その影響《えいきょう》は吉之助《きちのすけ》の近《ちか》くでも……
西郷《さいごう》どの 月照《げっしょう》どのを守《まも》ってくれないか？
もちろんです！
命《いのち》に代《か》えてもお守《まも》りいたします！
吉之助《きちのすけ》は月照《げっしょう》を連《つ》れて京都《きょうと》を脱出《だっしゅつ》すると、
なんとか薩摩《さつま》にたどりつくことができました。
京都《きょうと》
薩摩《さつま》
ところが……
なんじゃと!?
月照《げっしょう》さまを国境《くにざかい》まで連《つ》れていき切《き》り捨《す》てよというのか!?

藩《はん》の方針《ほうしん》がらりと変《か》わり幕府《ばくふ》には逆《さか》らわないことになったのだ……
偉大《いだい》な斉彬《なりあきら》さまが亡《な》くなって薩摩《さつま》は腰抜《こしぬ》けになってしまったか……
月照《げっしょう》さまを切《き》り捨《す》てるなど……わたしにはできん……!!
西郷《さいごう》どのあなたのお気持《きも》ちはわかっていますよ
……月照《げっしょう》さまはここにきた意味《いみ》に気《き》づいておられる
こうなれば
ばっ
月照《げっしょう》さまいっしょに死《し》にましょうぞ!!

ドパーン
おい！いまの音《おと》は!!
西郷《さいごう》どん!!
ゴポポポポポ
海《うみ》に飛《と》びこんだ吉之助《きちのすけ》と月照《げっしょう》はすぐに助《たす》けだされ、
吉之助《きちのすけ》は息《いき》を吹《ふ》きかえしましたが、月照《げっしょう》はすでに亡《な》くなっていました。

天《てん》はどうしてわしだけを生《い》かしたのか!?
薩摩《さつま》
奄美大島《あまみおおしま》
一八五八年《ねん》、幕府《ばくふ》の追及《ついきゅう》をおそれた薩摩藩《さつまはん》は、吉之助《きちのすけ》は月照《げっしょう》とともに死《し》んだと報告《ほうこく》し、
吉之助《きちのすけ》を奄美大島《あまみおおしま》に送《おく》り、潜《ひそ》んでいるよう命《めい》じました。
このとき吉之助《きちのすけ》は三二歳《さい》。
じろ
じろ
安政《あんせい》の大獄《たいごく》で橋本左内《はしもとさない》どのも殺《ころ》されたとは……
わしを導《みちび》いてくれた大事《だいじ》な人《ひと》が次《つぎ》つぎと亡《な》くなっていく……
これこれあっちへ行《い》っておらんか

西郷《さいごう》さま 外《そと》に出《で》て気分《きぶん》を変《か》えませんか?
島《しま》の有力者《ゆうりょくしゃ》
龍左民《りゅうさたみ》
ほう
これがサトウキビですか!
奄美大島《あまみおおしま》は昔《むかし》からサトウキビの産地《さんち》として知《し》られていました。
薩摩藩《さつまはん》は島《しま》じゅうにサトウキビ畑《ばたけ》をつくらせ、砂糖《さとう》を年貢《ねんぐ》としておさめさせていました。
ところが薩摩《さつま》の役人《やくにん》ときたら
島《しま》の者《もの》にサトウキビ以外《いがい》の作物《さくもつ》をつくらせず食《た》べるものにも困《こま》るありさまです
この島《しま》もみながきびしいくらしをしているのか……

さっさと歩《ある》け！
な…何事《なにごと》だっ!?
またじゃ!!
年貢《ねんぐ》をおさめられなかった者《もの》に罰《ばつ》をあたえているのです！
ズン
ズン
キッ
えっ
西郷《さいごう》さま!?
なんじゃと!?
やめなされ!!
な…なんだ!?
関係《かんけい》のない者《もの》が口《くち》を出《だ》すな!!

おぬしがしているのは
弱《よわ》い者《もの》いじめじゃ!!
な…なにを――っ!
あのお方《かた》は藩《はん》に
信頼《しんらい》されている
偉《えら》い方《かた》ですぞ!
ええっ!?
このあと吉之助《きちのすけ》が
直接《ちょくせつ》うったえでたことにより、
捕《つか》まっていた島民《とうみん》たちは
ぶじに解放《かいほう》されたのでした。
ありがとう
ございます
西郷先生《さいごうせんせい》!!

※愛加那《あいかな》…西郷隆盛《さいごうたかもり》の奄美大島《あまみおおしま》での妻《つま》です。子《こ》の菊次郎《きくじろう》は明治時代《めいじじだい》に京都市長《きょうとしちょう》となりました。

※島津久光《しまづひさみつ》(一八一七~八七)…島津斉彬《しまづなりあきら》の弟《おとうと》です。斉彬《なりあきら》の死後《しご》、自分《じぶん》の息子《むすこ》の忠義《ただよし》を薩摩藩主《さつまはんしゅ》にし、藩《はん》の実質的《じっしつてき》な権力《けんりょく》をにぎりました。

このころ薩摩《さつま》では島津久光《しまづひさみつ》が実権《じっけん》をにぎっていました。
幕府《ばくふ》とミカドを結《むす》びつけ天下《てんか》の混乱《こんらん》をしずめるのだ！
吉之助《きちのすけ》の幼《おさな》なじみ、大久保正助《おおくぼしょうすけ》は名《な》を一蔵《いちぞう》と改《あらた》め、久光《ひさみつ》の側近《そっきん》として活躍《かつやく》するようになっていました。
出兵《しゅっぺい》の前《まえ》に朝廷《ちょうてい》や有力《ゆうりょく》な大名《だいみょう》とも連絡《れんらく》を取《と》り合《あ》っておくべきです
久光《ひさみつ》の側近《そっきん》
※小松帯刀《こまつたてわき》
それができるのはただひとり……

※小松帯刀《こまつたてわき》（一八三五〜七〇）…島津久光《しまづひさみつ》の側近《そっきん》で、のちに家老《かろう》となり、藩《はん》の改革《かいかく》をおこないました。

西郷吉之助《さいごうきちのすけ》です!
西郷《さいごう》? 兄上《あにうえ》がかわいがっていた男《おとこ》か……
吉之助《きちのすけ》どん!!
西郷《さいごう》どん!!
こうして一八六二年《ねん》、三六歳《さい》の吉之助《きちのすけ》は三年《ねん》ぶりに薩摩《さつま》によびもどされました。
ところが……
なに〜〜〜!? 出兵《しゅっぺい》には反対《はんたい》だと〜〜〜!?
いえ 準備不足《じゅんびぶそく》ゆえ 時期《じき》が早《はや》いと申《もう》しておるのです

その準備《じゅんび》をしてもらうために吉之助《きちのすけ》どんをよんだのじゃ
斉彬《なりあきら》さまのときと同《おな》じで京《きょう》へのぼる計画《けいかく》ですぞ?
きっぱり
そのときといまでは状況《じょうきょう》がちがいすぎます!
いま久光《ひさみつ》さまが兵《へい》を率《ひき》いて京《きょう》へ行《い》けば幕府《ばくふ》の方針《ほうしん》に反対《はんたい》する者《もの》たちが薩摩《さつま》が自分《じぶん》たちに同調《どうちょう》しているとかんちがいするかもしれん……
おそれながら
斉彬《なりあきら》さまは幕府《ばくふ》や大名《だいみょう》朝廷《ちょうてい》にも信頼《しんらい》されておりましたが……

※地《じ》ゴロ…薩摩《さつま》の言葉《ことば》で、田舎者《いなかもの》という意味《いみ》です。

島津《しまづ》久光《ひさみつ》の京都《きょうと》行《い》き

西郷隆盛《さいごうたかもり》は、島津斉彬《しまづなりあきら》のもと、天皇《てんのう》・朝廷《ちょうてい》（公《こう》）と幕府《ばくふ》（武《ぶ》）の力《ちから》を結《むす》びつけて新《あたら》しい政治体制《せいじたいせい》をつくる「公武合体《こうぶがったい》」を目指《めざ》し動《うご》いていました。島《しま》津《づ》久光《ひさみつ》も同《おな》じ公武合体《こうぶがったい》を目指《めざ》して動《うご》きましたが、西郷《さいごう》は久光《ひさみつ》の京都《きょうと》行《い》きには反対《はんたい》します。江戸《えど》や京都《きょうと》で名《な》の知《し》られた斉彬《なりあきら》と、薩摩藩主《さつまはんしゅ》の父《ちち》として藩《はん》のなかでだけ力《ちから》を持《も》つ久光《ひさみつ》では、朝廷《ちょうてい》や大《だい》名《みょう》たちへの影響力《えいきょうりょく》にちがいがあったからです。もうひとつ反対《はんたい》の理由《りゆう》として、当時《とうじ》の京都《きょうと》の情勢《じょうせい》がありました。

このころ京都《きょうと》には、天皇《てんのう》を中心《ちゅうしん》に外《がい》国《こく》を打《う》ちはらうという運動《うんどう》（尊王攘夷《そんのうじょうい》運動《うんどう》）をしている人《ひと》たちが集《あつ》まってきていました。この人《ひと》たちは、久光《ひさみつ》の京《きょう》都《と》行《い》きの目的《もくてき》は尊王攘夷《そんのうじょうい》だとかんちがいし、久光《ひさみつ》をおしたてて兵《へい》をあげ、外《がい》国人《こくじん》を追《お》いはらおうと計画《けいかく》していたのです。

※下関《しものせき》…現在《げんざい》の山口県下関市《やまぐちけんしものせきし》です。

だっ
よし！
わしはやつらを
説得《せっとく》するために
先《さき》に京《きょう》へいく!!
あっ
西郷《さいごう》どん！
すると……
西郷《さいごう》がかってに
京《きょう》へ向《む》かっただと!?
うぬぬ
あやつめ……
わたしの計画《けいかく》を
ぶち こわす気《き》だな……
西郷《さいごう》のことです
なにか考《かんが》えが……
ええい
ゆるさんぞ!!
また
島送《しまおく》りだ!!
吉之助《きちのすけ》どん…

こうして
わずか四か月《げっ》足《た》らずで
吉之助《きちのすけ》は再《ふたた》び
南《みなみ》の島《しま》へ流《なが》されました。
ビュオオオオオオオオ
薩摩《さつま》
奄美大島《あまみおおしま》
沖永良部島《おきのえらぶじま》
今度《こんど》は
奄美大島《あまみおおしま》よりも遠《とお》い
沖永良部島《おきのえらぶじま》へ流罪《るざい》に
なったのでした。
牢屋《ろうや》に入《い》れられるなど
この島《しま》でのくらしは
悲惨《ひさん》なものでした。
ザァァァァァァ
また島流《しまなが》しか……
これも
天《てん》が望《のぞ》んだこと……
いまはしたがうのみ……
ビュオオオオオ
こんな
ところで
西郷《さいごう》さまを
死《し》なせては
ならん！

※久光《ひさみつ》が薩摩《さつま》へ帰《かえ》る途中《とちゅう》…京都《きょうと》へ進出《しんしゅつ》した久光《ひさみつ》は朝廷《ちょうてい》の許可《きょか》を得《え》て江戸《えど》に向《む》かい、幕府《ばくふ》に改革《かいかく》をおこなわせました。その江戸《えど》から薩摩《さつま》への帰《かえ》り道《みち》です。※生麦村《なまむぎむら》…現在《げんざい》の神奈川県横浜市《かながわけんよこはまし》にあった村《むら》です。

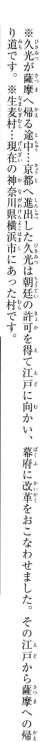

※賠償金《ばいしょうきん》…あたえた損害《そんがい》をつぐなうために支払《しはら》うお金《かね》のことです。

そのころ京都《きょうと》では、長州藩《ちょうしゅうはん》が幕府《ばくふ》ではなく、ミカドを政治《せいじ》の中心《ちゅうしん》にしようと活動《かつどう》していました。
ミカドをおしたてて
軍勢《ぐんぜい》を引《ひ》き連《つ》れ外国《がいこく》を打《う》ちはらえ!
長州藩《ちょうしゅうはん》
さらに京都《きょうと》では一橋慶喜《ひとつばしよしのぶ》が政治《せいじ》の実権《じっけん》をにぎり、
この混乱《こんらん》をおさめるのは長州《ちょうしゅう》でも薩摩《さつま》でもない徳川家《とくがわけ》である!
江戸幕府《えどばくふ》
薩摩《さつま》では……
もう一度《いちど》幕府《ばくふ》とミカドを結《むす》びつけるよう訴《うった》えよう
薩摩藩《さつまはん》
ええいいても立《た》ってもいられぬ!!
吉之助《きちのすけ》が島《しま》に流《なが》されてからおよそ一年半後《ねんはんご》……
兄上《あにうえ》――!

薩摩《さつま》では幕府《ばくふ》とミカドが手《て》を結《むす》ぶために動《うご》いています
それには西郷《さいごう》どんの力《ちから》が必要《ひつよう》なのじゃ！
弟《おとうと》 信吉《しんきち》
みなで兄上《あにうえ》を島《しま》からもどさなければ切腹《せっぷく》すると久光《ひさみつ》さまに訴《うった》えたのですよ！
なんと……
みながわしのために命《いのち》をかけて……

兄上《あにうえ》！
はっ はっ はっ はっ
おれたちには西郷《さいごう》どんがいてくれなきゃ
そうか……
これがわしの進《すす》むべき道《みち》なんじゃな……
またも生《い》かしてもらったこの身《み》じゃ
これからの日本《にほん》のためにわしはつき進《すす》むぞ!!
一八六四年《ねん》二月《がつ》、三八歳《さい》の吉之助《きちのすけ》は沖永良部島《おきのえらぶじま》を出発《しゅっぱつ》しました。
ついに天下《てんか》にはばたくときがおとずれたのです！

※御所《ごしょ》…天皇《てんのう》や皇室《こうしつ》の人《ひと》の住《す》まいです。政治《せいじ》もここでおこなわれました。

この戦《いくさ》で薩摩軍《さつまぐん》の強《つよ》さと、西郷《さいごう》の名《な》が知《し》れわたりましたが、
京都《きょうと》は焼《や》け野原《のはら》となり、およそ二万《まん》七〇〇〇の家屋《かおく》が失《うしな》われました。
うわああああ
……
※一橋慶喜《ひとつばしよしのぶ》
長州《ちょうしゅう》はミカドを利用《りよう》しようとする敵《てき》である！
よってただちに長州《ちょうしゅう》を攻《せ》めほろぼす！
京《きょう》の町《まち》はボロボロじゃ
いまは日本人同士《にほんじんどうし》が戦《いくさ》をしているときではないのでは……
そんななか西郷《さいごう》はひとりの人物《じんぶつ》と会《あ》いました。

※一橋慶喜《ひとつばしよしのぶ》…このとき、慶喜《よしのぶ》は朝廷《ちょうてい》を警護《けいご》する禁裏御守衛総督《きんりごしゅえいそうとく》という役職《やくしょく》についていました。

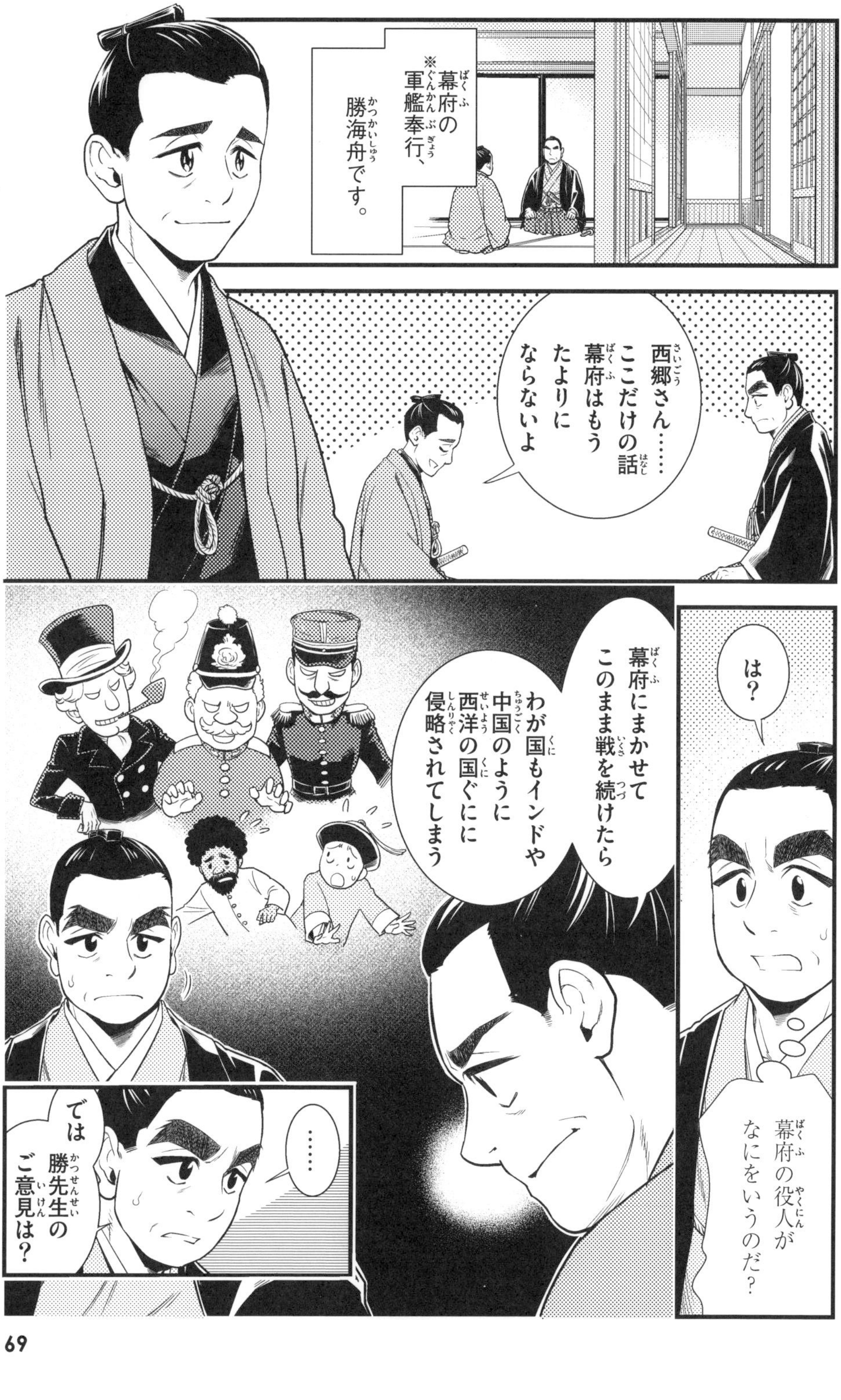

※軍艦奉行《ぐんかんぶぎょう》…江戸幕府《えどばくふ》の役職《やくしょく》で、軍艦《ぐんかん》の製造《せいぞう》や船員《せんいん》の育成《いくせい》をおこないました。

※長州征討《ちょうしゅうせいとう》…禁門《きんもん》の変《へん》で朝廷《ちょうてい》の敵《てき》となった長州藩《ちょうしゅうはん》を攻《せ》めて討《う》つことです。

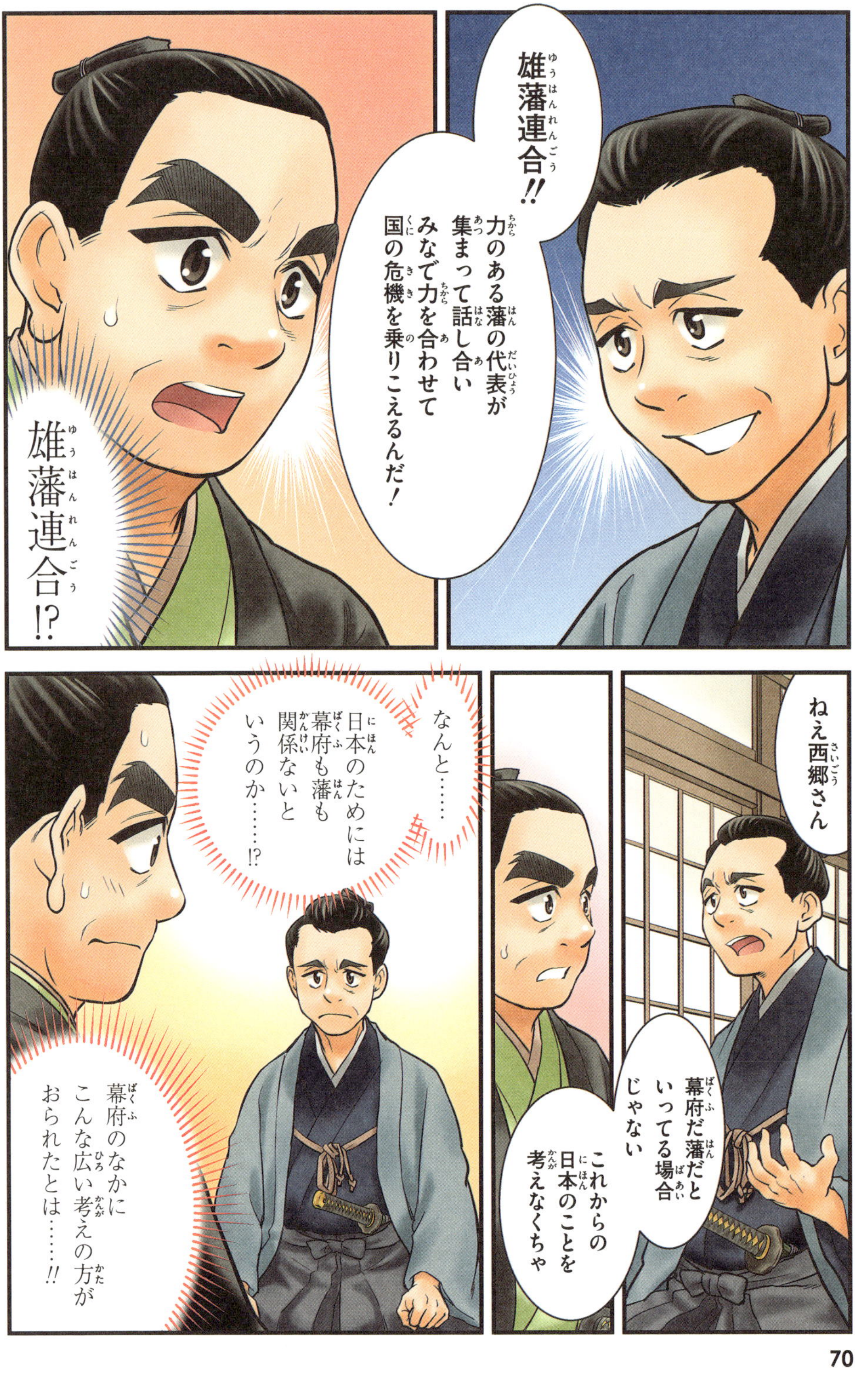

よいお話《はなし》をうかがいました！
わたしの考《かんが》えもこれで固《かた》まりました！
いやぁ西郷《さいごう》さんと話《はな》せてよかったよ
はっはっ はっは
西郷吉之助《さいごうきちのすけ》……
こういう人《ひと》がこれからの日本《にほん》を動《うご》かしていくのだろう……
それからまもなく吉之助《きちのすけ》は※長州征討軍《ちょうしゅうせいとうぐん》の参謀《さんぼう》に任命《にんめい》されました。
そして……
ごめんください！
どよっ

※岩国藩《いわくにはん》…現在《げんざい》の山口県岩国市《やまぐちけんいわくにし》を中心《ちゅうしん》にした地域《ちいき》です。藩主《はんしゅ》の吉川家《きっかわけ》は、長州藩主《ちょうしゅうはんしゅ》である毛利家《もうりけ》の分家《ぶんけ》でした。

※毛利敬親《もうりたかちか》（一八一九～七一）…長州藩主《ちょうしゅうはんしゅ》で、藩《はん》の改革《かいかく》をおこないました。

公武合体《こうぶがったい》の失敗《しっぱい》

薩英戦争《さつえいせんそう》で外国《がいこく》の強《つよ》さを知《し》った島津《しまづ》久光《ひさみつ》は、公武合体《こうぶがったい》を目指《めざ》しながら、外国《がいこく》との貿易《ぼうえき》を積極的《せっきょくてき》におこなって、それを通《つう》じて力《ちから》をつけようとしていました。しかし京都《きょうと》では、外国《がいこく》を追《お》いはらおう（攘夷《じょうい》）とする長州藩《ちょうしゅうはん》が朝廷《ちょうてい》と結《むす》びつき、その障害《しょうがい》となっていました。そこで薩摩藩《さつまはん》は朝廷《ちょうてい》に働《はたら》きかけ、会津《あいづ》藩《はん》と結《むす》んで長州藩《ちょうしゅうはん》を京都《きょうと》から追《お》いだすことに成功《せいこう》します(八月《がつ》十八日《にち》の政変《せいへん》)。

その後《ご》、久光《ひさみつ》は有力藩《ゆうりょくはん》の藩主《はんしゅ》や一橋《ひとつばし》慶喜《よしのぶ》とともに、一八六四年《ねん》に参与会議《さんよかいぎ》を開《ひら》きます。これで公武合体《こうぶがったい》が成立《せいりつ》するかと思《おも》われましたが、横浜《よこはま》の開港《かいこう》をめぐる方針《ほうしん》で幕府《ばくふ》の考《かんが》えを優先《ゆうせん》させる慶喜《よしのぶ》と久光《ひさみつ》の対立《たいりつ》が深《ふか》まり、会議《かいぎ》は失《しっ》敗《ぱい》に終《お》わります。

この会議《かいぎ》の失敗《しっぱい》は、薩摩藩《さつまはん》が幕府《ばくふ》の力《ちから》を見限《みかぎ》り、幕府《ばくふ》をたおそうと決意《けつい》するきっかけとなりました。

※元土佐藩士《もととさはんし》……土佐藩《とさはん》は現在《げんざい》の高知県《こうちけん》を中心《ちゅうしん》とする地域《ちいき》です。

※中岡慎太郎《なかおかしんたろう》（一八三八〜六七）……土佐出身《とさしゅっしん》で、陸援隊《りくえんたい》という軍隊《ぐんたい》をつくりました。中岡慎太郎《なかおかしんたろう》は藩《はん》から抜《ぬ》け（脱藩《だっぱん》）、自由《じゆう》に活動《かつどう》していました。

※木戸孝允《きどたかよし》（一八三三～七七）…長州藩《ちょうしゅうはん》の中心人物《ちゅうしんじんぶつ》です。当時《とうじ》は桂小五郎《かつらこごろう》と名《な》のっていました。
※坂本龍馬《さかもとりょうま》（一八三五～六七）…土佐出身《とさしゅっしん》で、日本初《にほんはつ》の株式会社《かぶしきがいしゃ》ともいわれる亀山社中《かめやましゃちゅう》をつくりました。

※一二月《がつ》…同《おな》じ年《とし》の七月《がつ》に第《だい》一四代将軍《だいしょうぐん》、徳川家茂《とくがわいえもち》が亡《な》くなりました。長州征討《ちょうしゅうせいとう》はこれをきっかけに停戦《ていせん》となります。

政権《せいけん》は返《かえ》しても徳川家《とくがわけ》がなくなったわけではない
これで徳川《とくがわ》の力《ちから》を残《のこ》したまま新《あたら》しい政治体制《せいじたいせい》に参加《さんか》できる……！
なんてことだ！徳川《とくがわ》はまだ権力《けんりょく》をにぎりつづけるつもりだ
徳川《とくがわ》が新《あたら》しい政府《せいふ》で中心《ちゅうしん》となればなにも変《か》わらん！
スッ
ガラッ
なあに
われらはわれらで朝廷《ちょうてい》に働《はたら》きかけ徳川《とくがわ》の力《ちから》のおよばない政府《せいふ》をつくればよい！

※戊辰戦争《ぼしんせんそう》（一八六八～六九）…新政府軍《しんせいふぐん》と旧幕府軍《きゅうばくふぐん》の戦《たたか》いです。鳥羽《とば》・伏見《ふしみ》の戦《たたか》いからはじまり、箱館《はこだて》（現在《げんざい》の北海道函館市《ほっかいどうはこだてし》）の戦《たたか》いで終《お》わりました。

一八六八年《ねん》一月《がつ》三日《か》
京都《きょうと》の鳥羽《とば》・伏見《ふしみ》で、旧幕府軍《きゅうばくふぐん》と薩摩《さつま》・長州《ちょうしゅう》を中心《ちゅうしん》とする新政府軍《しんせいふぐん》が激突《げきとつ》！
これを※鳥羽《とば》・伏見《ふしみ》の戦《たたか》いといい、戊辰戦争《ぼしんせんそう》がはじまりました。
旧幕府軍《きゅうばくふぐん》一万《まん》五〇〇〇に対《たい》し こちらはわずか 五〇〇〇の兵力《へいりょく》……
しかし この戦《たたか》い なんとしても 勝《か》たなければ……!!

※錦《にしき》の御旗《みはた》…天皇《てんのう》の軍隊《ぐんたい》を表《あらわ》す旗《はた》です。

※朝敵《ちょうてき》…天皇《てんのう》（朝廷《ちょうてい》）の敵《てき》という意味《いみ》です。

新政府軍《しんせいふぐん》は旧幕府軍《きゅうばくふぐん》を追《お》い、江戸《えど》へと進軍《しんぐん》します。
徳川《とくがわ》をつぶせ!
ザッ
ザッ
ザッ
江戸決戦《えどけっせん》だ!
勝《かつ》よ!
なんとかこの戦《いくさ》とめられんか
そうだ……
あの男《おとこ》……
西郷《さいごう》さんならば……!!

江戸《えど》総攻撃《そうこうげき》の前日《ぜんじつ》、
江戸《えど》の薩摩屋敷《さつまやしき》で吉之助《きちのすけ》と勝海舟《かつかいしゅう》の会談《かいだん》がおこなわれました。
……西郷《さいごう》さん
あんたらは徳川《とくがわ》をほろぼすまでやるつもりだろうが
なんとかならんかね
慶喜公《よしのぶこう》はもう戦《たたか》わないと言《い》ってるんだ
決戦《けっせん》となればこちらも手段《しゅだん》は選《えら》ばない
勝先生《かつせんせい》
相当《そうとう》な覚悟《かくご》でおられるな……

総攻撃《そうこうげき》となれば江戸《えど》は火《ひ》の海《うみ》だ……
どちらが勝《か》とうが苦《くる》しむのは江戸《えど》一〇〇万《まん》の民《たみ》
たしかにこの戦《たたか》いですでにたくさんの町《まち》が焼《や》け
たくさんの血《ち》が流《なが》れた
江戸《えど》が壊滅《かいめつ》してこの国《くに》が混乱《こんらん》すれば外国《がいこく》もねらってくるだろう！
そうなればさらに多《おお》くの者《もの》が苦《くる》しむ……
わしも
いま一度《いちど》覚悟《かくご》を決《き》めねば……！

西郷《さいごう》さんもわかっているだろう!?
カッ
いまわれわれが選《えら》ぶべき道《みち》を……

この日本《にほん》の未来《みらい》のために……!!

わかりました
明日《あす》の総攻撃《そうこうげき》は わたしが責任《せきにん》をもって 中止《ちゅうし》いたします！
ありがたい……！
さすが 西郷《さいごう》さんだ ……！

江戸《えど》総攻撃《そうこうげき》は中止《ちゅうし》だ!
はっ
し……しかし 総攻撃《そうこうげき》は新政府《しんせいふ》の決定《けってい》
それをかってにくつがえしては……
わしが腹《はら》を切《き》る覚悟《かくご》でミカドにいま一度《いちど》お願《ねが》い申《もう》しあげる……!

西郷《さいごう》さん！あんた命《いのち》をかけて……!!
吉之助《きちのすけ》はこの後《あと》、新政府軍《しんせいふぐん》の待《ま》つ浜松《はままつ》までもどり、さらに京都《きょうと》まで総攻撃中止《そうこうげきちゅうし》を訴《うった》えにもどります。
こうして江戸《えど》総攻撃《そうこうげき》は中止《ちゅうし》となったのです。
ガヤ
西郷《さいごう》さんと勝先生《かつせんせい》が江戸《えど》での戦《いくさ》をとめたらしいぞ！
ガヤ
江戸《えど》が焼《や》けずにすんだ！
ガヤ
ありがたい
ありがたい
西郷《さいごう》さんだからこそ戦《たたか》いをとめる決断《けつだん》ができたんだ

西郷《さいごう》さん……あんたがこの国《くに》の運命《うんめい》を変《か》えたんだぜ！
そして四月《がつ》十一日《にち》、江戸城《えどじょう》は新政府軍《しんせいふぐん》に明《あ》けわたされました。
しかし、その後《ご》も新政府《しんせいふ》を認《みと》めない旧幕府勢力《きゅうばくふせいりょく》は関東《かんとう》や東北《とうほく》で抵抗《ていこう》を続《つづ》けました。

※庄内藩《しょうないはん》…現在《げんざい》の山形県鶴岡市《やまがたけんつるおかし》を中心《ちゅうしん》とした地域《ちいき》です。

敬《けい》天《てん》愛《あい》人《じん》
天《てん》をうやまい 天《てん》が自分《じぶん》を愛《あい》して くれるように わたしもその心《こころ》で 人《ひと》を愛《あい》するのじゃ!!
一八六八年《ねん》七月《がつ》、新政府《しんせいふ》は 江戸《えど》を東京《とうきょう》と改《あらた》め、
九月《がつ》八日《か》、年号《ねんごう》を 明治《めいじ》としました。
そして十月《がつ》一三日《にち》、明治天皇《めいじてんのう》が 京都《きょうと》から東京《とうきょう》へ 移《うつ》り住《す》むことに なりました。
いよいよ 新《あたら》しい時代《じだい》が はじまる!!
吉之助《きちのすけ》は 名《な》を西郷隆盛《さいごうたかもり》とし、
薩摩《さつま》と長州《ちょうしゅう》を中心《ちゅうしん》とする 新政府《しんせいふ》の新《あたら》しい国《くに》づくりを 進《すす》めていくことになるのです。

※糸子《いとこ》（一八四三～一九二二）…西郷《さいごう》と一八六五年《ねん》に結婚《けっこん》しました。

※岩倉具視《いわくらともみ》（一八二五〜八三）…公家《くげ》（朝廷《ちょうてい》に仕《つか》える貴族《きぞく》）出身《しゅっしん》で、明治時代《めいじじだい》には政治家《せいじか》として活動《かつどう》しました。

※勅書《ちょくしょ》…天皇《てんのう》の命令《めいれい》である勅《ちょく》が書《か》かれた文章《ぶんしょう》です。

一八七一年《ねん》六月《がつ》、四五歳《さい》の西郷《さいごう》は明治政府《めいじせいふ》の参議《さんぎ》に任命《にんめい》されました。最初《さいしょ》の改革《かいかく》は廃藩置県《はいはんちけん》です。
この改革《かいかく》は西郷《さいごう》が政府《せいふ》に入《はい》る前《まえ》から議論《ぎろん》されていました。
藩《はん》をつぶして県《けん》という新《あたら》しい形《かたち》にする改革《かいかく》だ
これを進《すす》めたいが……
反対《はんたい》する者《もの》の反乱《はんらん》が起《お》きるかもしれない
ヴっ…
……
し——ん…
みなさんがこの改革《かいかく》が必要《ひつよう》だと考《かんが》えるならやればよろしい！
もし反対《はんたい》して攻撃《こうげき》する者《もの》がいるならわたしがしずめましょう！

廃藩置県《はいはんちけん》

廃藩置県《はいはんちけん》の目的《もくてき》は、政府《せいふ》の命令《めいれい》が直《ちょく》接国民《せっこくみん》に届《とど》くようにして、政府《せいふ》に権力《けんりょく》を集中《しゅうちゅう》させることでした。

江戸時代《えどじだい》、幕府《ばくふ》が政治《せいじ》の頂点《ちょうてん》にいましたが、その下《した》で各藩《かくはん》が独自《どくじ》に政治《せいじ》をおこなっており、土地《とち》や人民《じんみん》は藩《はん》が支《し》配《はい》していました。そこで明治政府《めいじせいふ》は廃《はい》藩置県《はんちけん》の前《まえ》に版籍奉還《はんせきほうかん》をおこない、藩《はん》から土地《とち》と人民《じんみん》を天皇《てんのう》に返《かえ》させます。しかし、これまでの藩主《はんしゅ》は、知藩事《ちはんじ》（現在《げんざい》の知事《ちじ》）という役職《やくしょく》となり、藩《はん》の支配《しはい》を続《つづ》けました。そこで廃藩置県《はいはんちけん》では、新政府《しんせいふ》から各地《かくち》を支配《しはい》する府知《ふち》事《じ》、県令《けんれい》が送《おく》られ、知藩事《ちはんじ》は解任《かいにん》、藩《はん》は解体《かいたい》されました。

廃藩置県《はいはんちけん》は長州《ちょうしゅう》の人《ひと》びとがいいだし、木戸孝允《きどたかよし》が力《ちから》を入《い》れていました。政府《せいふ》は西郷《さいごう》が反対《はんたい》することを心配《しんぱい》しましたが、西郷《さいごう》はあっさり賛成《さんせい》し、廃藩置県《はいはんちけん》の実現《じつげん》が決定的《けっていてき》になりました。

十一月《がつ》、岩倉《いわくら》、大久保《おおくぼ》、木戸《きど》らからなる
岩倉使節団《いわくらしせつだん》が
ヨーロッパやアメリカへ
視察《しさつ》の旅《たび》に出発《しゅっぱつ》しました。
西郷《さいごう》は留守《るす》のあいだ
政府《せいふ》をまかされます。
学制《がくせい》の公布《こうふ》
全国《ぜんこく》に大学《だいがく》、中学《ちゅうがく》、小学校《しょうがっこう》をつくり、小学校《しょうがっこう》で学《まな》ぶことを義務《ぎむ》にしました。
これからは教育《きょういく》が重要《じゅうよう》だ!!
多《おお》くの若者《わかもの》が教育《きょういく》を受《う》け新《あたら》しい日本《にほん》をつくるのだ!!
西郷《さいごう》はこの間《かん》も重要《じゅうよう》な改革《かいかく》を次《つぎ》つぎに進《すす》めていきました。
徴兵令《ちょうへいれい》
兵隊《へいたい》に行《い》くことは国民《こくみん》（男《おとこ》）の義務《ぎむ》となり、20歳以上《さいいじょう》の男子《だんし》すべてを検査《けんさ》し、そのなかから兵《へい》を選《えら》び、強《つよ》い国《くに》をつくろうとしました。
地租改正《ちそかいせい》
税《ぜい》を米《こめ》ではなく、所有《しょゆう》する土地《とち》の価格《かかく》の３％《パーセント》をお金《かね》でおさめさせるようにしました。

朝鮮《ちょうせん》
日本《にほん》
明治政府《めいじせいふ》は外交《がいこう》でも問題《もんだい》をかかえていました。
隣《となり》の朝鮮《ちょうせん》が国《くに》を閉《と》じていたため、日本《にほん》と外交関係《がいこうかんけい》を結《むす》ぶことを拒否《きょひ》しつづけていたのです。
朝鮮《ちょうせん》の態度《たいど》はけしからん!
こうなったら兵《へい》を送《おく》り力《ちから》ずくでしたがわせるべきだ!
こうしてわき起《お》こったのが朝鮮国《ちょうせんこく》を武力《ぶりょく》でしたがわせようとする征韓論《せいかんろん》です。
力《ちから》ずくでしたがわせるなんてとんでもない!
しかし何度《なんど》も使者《ししゃ》を送《おく》りましたがそのたびに追《お》い返《かえ》されてきたのですぞ!

よろしい
ではこのわしが大使《たいし》として朝鮮《ちょうせん》にわたり説得《せっとく》しましょう!
ええっ!?
そんなことをしたら殺《ころ》されてしまいます 護衛《ごえい》の軍《ぐん》をつけましょう!
いらん!
わたしが殺《ころ》されたらそのときは兵《へい》を出《だ》せばいい
なあに かならず平和的《へいわてき》に話《はなし》をつけてくる!
ところが大久保《おおくぼ》、岩倉《いわくら》、木戸《きど》が帰国《きこく》すると……
いかん!
西郷《さいごう》どんは死《し》ぬつもりか!?

そんなことになれば戦争《せんそう》だ!! いまは国内《こくない》を安定《あんてい》させるべきなのに……
うーむ 西郷《さいごう》め かってにいろいろ決《き》めおって……
わかってくれ西郷《さいごう》どん……!!
西郷《さいごう》の朝鮮《ちょうせん》派遣《はけん》は大久保《おおくぼ》たちの大反対《だいはんたい》にあいますが、
西郷《さいごう》が反論《はんろん》し、いったんは賛成《さんせい》多数《たすう》で決《き》まります。
しかし……
反対派《はんたいは》の岩倉《いわくら》が天皇《てんのう》に直接《ちょくせつ》働《はたら》きかけ、中止《ちゅうし》となります。
なに!?
派遣《はけん》延期《えんき》じゃと!?

新《あたら》しい時代《じだい》をつくるはずの新政府《しんせいふ》がこのようなことを……
この政府《せいふ》でのわしの役目《やくめ》は終《お》わったようじゃ……
鹿児島《かごしま》に帰《かえ》ろう
この後《あと》も明治政府《めいじせいふ》からたびたび政府《せいふ》への参加《さんか》を求《もと》められますが、
西郷《さいごう》がうなずくことはありませんでした。

※士族《しぞく》…江戸時代《えどじだい》に藩士《はんし》や旧幕臣《きゅうばくしん》であった人《ひと》びとのことです。

士族《しぞく》の反乱《はんらん》

一八七四年《ねん》、西郷《さいごう》とともに政府《せいふ》を去《さ》った江藤新平《えとうしんぺい》が、故郷《こきょう》の佐賀《さが》で反乱《はんらん》を起《お》こしました（佐賀《さが》の乱《らん》）。この反乱《はんらん》には多《おお》くの士族《しぞく》が参加《さんか》しました。明治《めいじ》時代《じだい》になると、士族《しぞく》は職《しょく》を失《うしな》うなど、これまでの特権《とっけん》を次《つ》ぎつぎとうばわれ、不満《ふまん》がたまっていたのです。しかし、この乱《らん》はすぐに鎮圧《ちんあつ》されます。

その後《ご》、一八七六年《ねん》には、政府《せいふ》から士族《しぞく》に支払《しはら》われていた給与《きゅうよ》（秩禄《ちつろく》）が廃止《はいし》され、刀《かたな》を差《さ》してはいけないとする廃刀令《はいとうれい》も出《だ》されました。これに反発《はんぱつ》する士族《しぞく》によって、熊本《くまもと》、福岡《ふくおか》、山口《やまぐち》で続《つづ》けて反乱《はんらん》が起《お》こります。しかし、いずれも鎮圧《ちんあつ》されました。

西郷《さいごう》が鹿児島《かごしま》につくった私学校《しがっこう》には士族《しぞく》が多《おお》く参加《さんか》しており、続発《ぞくはつ》する士《し》族《ぞく》の反乱《はんらん》の影響《えいきょう》を受《う》けていました。そのため政府《せいふ》は、西郷《さいごう》と私学校《しがっこう》の動《うご》きをに注意《ちゅうい》を払《はら》っていました。

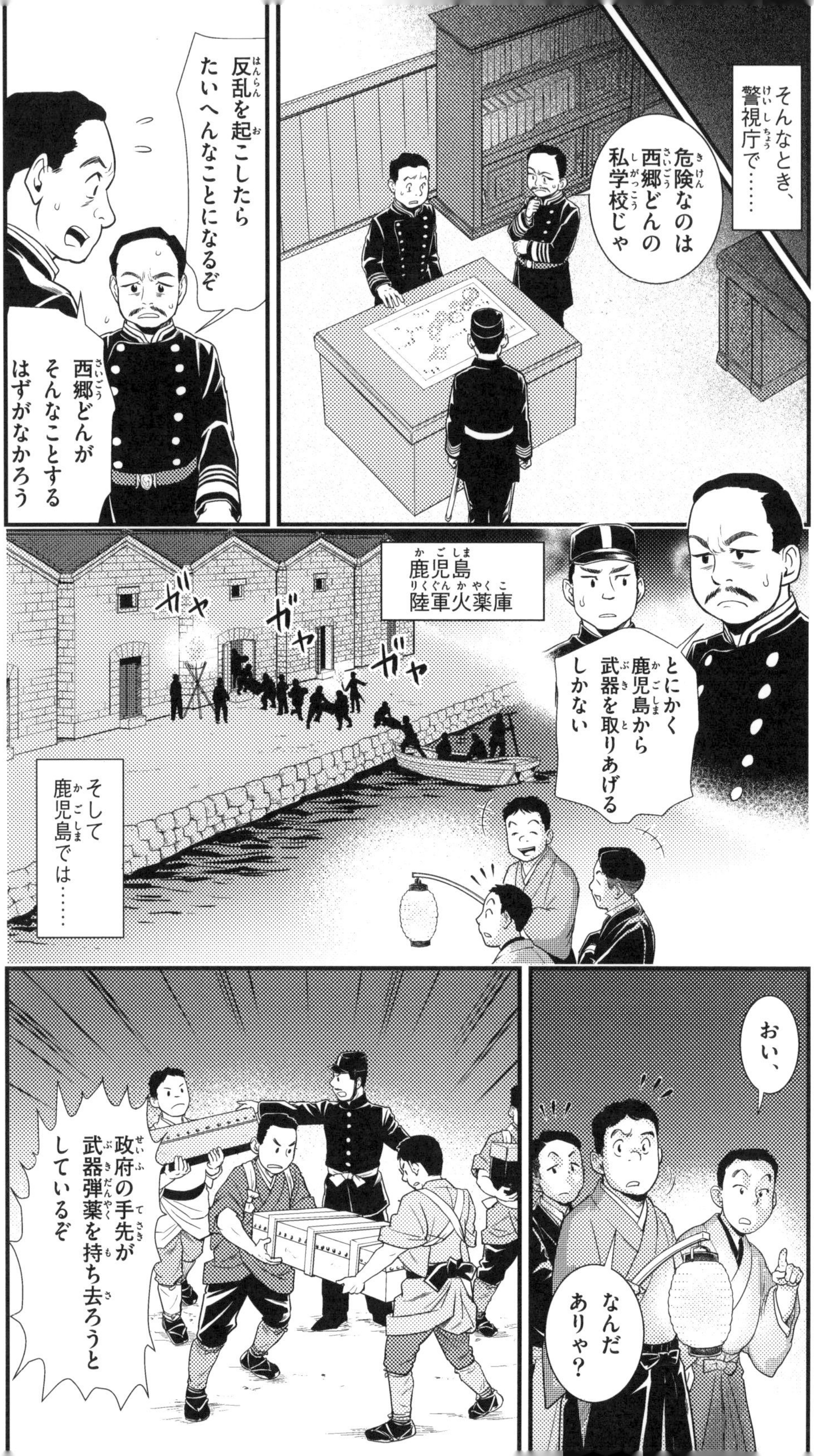
そんなとき、警視庁《けいしちょう》で……
危険《きけん》なのは西郷《さいごう》どんの私学校《しがっこう》じゃ
反乱《はんらん》を起《お》こしたらたいへんなことになるぞ
西郷《さいごう》どんがそんなことするはずがなかろう
とにかく鹿児島《かごしま》から武器《ぶき》を取《と》りあげるしかない
鹿児島《かごしま》陸軍火薬庫《りくぐんかやくこ》
ガヤ
ガヤ
ガヤ
そして鹿児島《かごしま》では……
おい、
なんだありゃ?
政府《せいふ》の手先《てさき》が武器弾薬《ぶきだんやく》を持《も》ち去《さ》ろうとしているぞ

ワー
ワー
わしらの郷里《きょうり》の武器《ぶき》をうばってどうするつもりだ!!
取《と》りかえせ!!
さらに……
政府《せいふ》のスパイをつかまえたぞ!!
政府《せいふ》は私学校《しがっこう》をつぶす気《き》が!
やつらは西郷先生《さいごうせんせい》を暗殺《あんさつ》しようとたくらんでおるんじゃ!

しもた！
取《と》り返《かえ》しのつかんことを……
さわぎの首謀者《しゅぼうしゃ》を政府《せいふ》に差《さ》しだせば
なんとか騒動《そうどう》はおさまるかもしれません……
大事《だいじ》な生徒《せいと》をわたすことなどできん！
もう政府《せいふ》のきたないやり方《かた》にはがまんできません！
みなで東京《とうきょう》へ乗《の》りこみわれらの正義《せいぎ》を天下《てんか》にうったえましょう!!

先生《せんせい》!! われらとともに立《た》ってください!!
先生《せんせい》!!
先生《せんせい》!!
これも……
天命《てんめい》じゃ……

わかった
この命《いのち》きみたちにあずけよう！
おおおおおおっ

一八七七年《ねん》二月《がつ》一五日《にち》、
ザッ
ザッ
ザッ
ザッ
西郷隆盛《さいごうたかもり》と一万《まん》三〇〇〇の兵《へい》はついに進軍《しんぐん》を開始《かいし》しました。
政府《せいふ》のやり方《かた》に疑問《ぎもん》があるのでその理由《りゆう》を正《ただ》すために東京《とうきょう》へ向《む》かうのじゃが……
大人数《おおにんずう》で武装《ぶそう》して向《む》かうわけじゃ……
戦《たたか》いはさけられんじゃろう……

ドォン
明治政府《めいじせいふ》は
西郷《さいごう》たちの行動《こうどう》を
反乱《はんらん》とみなして
大軍《たいぐん》を九州《きゅうしゅう》に送《おく》りこみます。
西郷軍《さいごうぐん》は
熊本城《くまもとじょう》にたてこもる
政府軍《せいふぐん》と戦《たたか》い……
わあああああ

その後《ご》も
大分《おおいた》、宮崎《みやざき》など
各地《かくち》で半年《はんとし》にわたって
戦《たたか》いが繰《く》りひろげられ、
明治政府誕生以来《めいじせいふたんじょういらい》
最大《さいだい》の内乱《ないらん》と
なりました。

三月《がつ》、
熊本城《くまもとじょう》の北《きた》
田原坂《たばるざか》の戦《たたか》いでは
はげしい戦闘《せんとう》が
続《つづ》きました。
政府軍《せいふぐん》の圧倒的《あっとうてき》な
兵力《へいりょく》と物量《ぶつりょう》の前《まえ》に
西郷軍《さいごうぐん》は次第《しだい》に
追《お》いつめられていきます。
これを
西南戦争《せいなんせんそう》と
いいます。
八月《がつ》一六日《にち》、
宮崎県《みやざきけん》長井《ながい》村《むら》にて……

みんな よく戦《たたか》った
もうよい 軍《ぐん》は ここで 解散《かいさん》じゃ
あとは 好《す》きに すればよい
スッ
おまえたちも ここまでよう ついてきた さあ どこへでも 行《い》きなさい
くぅ～ん
先生《せんせい》はこれから どうなさい ますか？

鹿児島《かごしま》に帰《かえ》る
そして故郷《こきょう》を死《し》に場所《ばしょ》にしようと思《おも》う
わたしもお伴《とも》いたします!!
わしも
わしも!
帰《かえ》りましょう鹿児島《かごしま》へ!!
西郷《さいごう》は六〇〇人《にん》あまりの兵《へい》とともに山道《やまみち》を抜《ぬ》け、故郷《こきょう》の鹿児島《かごしま》を目指《めざ》しました。
そして、
おお……!

桜島《さくらじま》じゃ……
鹿児島《かごしま》にたどりついた三七〇人《にん》あまりの西郷軍《さいごうぐん》は城山《しろやま》にたてこもりました。
そして、九月《がつ》二四日《か》、
城山《しろやま》を取《と》りかこんだ政府軍《せいふぐん》が総攻撃《そうこうげき》を開始《かいし》。

ついに鹿児島《かごしま》に帰《かえ》ってきたぞ……!!
ワアァァ
ドドドドォ
ザッ
ザッ
ザッ
ギィ…
西郷《さいごう》たちは最後《さいご》の戦《たたか》いにいどみました。
ザッ
ザッ
ギィオオーン…。。

うっ……
先生《せんせい》!!
先生《せんせい》!
西郷先生《さいごうせんせい》!!
ガクッ
……
もうここらでよか

ドォォン
ドォォン
これまでわしは多《おお》くの人《ひと》の死《し》を見送《みおく》ってきた
新《あたら》しい時代《じだい》のためにたくさんの命《いのち》が犠牲《ぎせい》になり
ついにわしの番《ばん》がやってきたようじゃ……
はたしてわしは天《てん》に恥《は》じない正《ただ》しい道《みち》を進《すす》んでこられただろうか……

ごめんなったもんせ!!

こうして西郷隆盛《さいごうたかもり》は
波乱《はらん》の生涯《しょうがい》を閉《と》じたのでした。
五一歳《さい》でした。
見《み》ろ！赤《あか》い星《ほし》だ!!

あれは西郷《さいごう》さんだ！
西郷《さいごう》さんはあそこにおられる!!
ガヤ
ガヤ
ガヤ
ちょうどそのころ火星《かせい》が地球《ちきゅう》に大接近《だいせっきん》し、その赤《あか》い星《ほし》を人《ひと》びとは西郷星《さいごうぼし》とよぶようになったのです。
西郷《さいごう》さんは生《い》きている!!
政府《せいふ》の役人《やくにん》が弱《よわ》い者《もの》いじめをしたらきっと西郷《さいごう》さんが帰《かえ》ってきてこらしめてくれるにちがいない
そうだ！西郷《さいごう》さんはおれたちの希望《きぼう》の星《ほし》だあ！
西郷《さいごう》の死《し》から二一年後《ねんご》、
全国《ぜんこく》から集《あつ》められた寄付《きふ》によって東京《とうきょう》の上野《うえの》に西郷《さいごう》の銅像《どうぞう》が建《た》てられました。

命《いのち》もいらぬ
名《な》もいらぬ
金《かね》もいらぬ
このような人《ひと》でなければ
大《おお》きな仕事《しごと》をやりとげる
ことはできない
その言葉《ことば》どおりに
生《い》きた西郷隆盛《さいごうたかもり》は、
一四〇年以上《ねんいじょう》たった
いまでも多《おお》くの人《ひと》に
愛《あい》されているのです。

解説《かいせつ》

味方《みかた》にも敵《てき》にも愛《あい》された西郷《さいごう》の「人《ひと》をひきつける力《ちから》」

多摩大学《たまだいがく》
客員教授《きゃくいんきょうじゅ》
河合《かわい》 敦《あつし》

PROFILE　ATUSHI KAWAI

1965年《ねん》、東京都《とうきょうと》生《う》まれ。早稲田大学大《わせだだいがくだい》学院修士課程修了《がくいんしゅうしかていしゅうりょう》（日本史専攻《にほんしせんこう》）。第《だい》17回郷土史研究賞優秀賞《かいきょうどしけんきゅうしょうゆうしゅうしょう》、第《だい》6回《かい》NTT《エヌティーティー》トーク大賞優秀賞《たいしょうゆうしゅうしょう》を受賞《じゅしょう》。高校《こうこう》の日本史教《にほんしきょう》師《し》を経《へ》て、現在《げんざい》は多摩大学客員教授《たまだいがくきゃくいんきょうじゅ》。

西郷隆盛《さいごうたかもり》の肖像画《しょうぞうが》。イタリア人版画家《じんはんがか》キヨソネが西郷《さいごう》の弟《おとうと》やいとこの顔《かお》をもとにえがきました。

●薩摩《さつま》から中心地《ちゅうしんち》、京都《きょうと》へ

西郷隆盛《さいごうたかもり》は、文政《ぶんせい》十年《ねん》（一八二七）に薩摩藩《さつまはん》の下級武士《かきゅうぶし》の家《いえ》に生《う》まれました。父《ちち》の吉《きち》兵衛《べえ》の禄《ろく》（給料《きゅうりょう》）は少《すく》ないうえ、長男《ちょうなん》の隆盛《たかもり》をはじめとして多《おお》くの子《こ》どもがいたので、西郷家《さいごうけ》は貧《まず》しい暮《く》らしをしていたそうです。一七歳《さい》のとき郡方書役助《こおりかたかきやくたすけ》（農村《のうそん》を支配《しはい》する下級役人《かきゅうやくにん》）となりますが、このころには身長《しんちょう》一八〇センチ、体重《たいじゅう》一二〇キロに成長《せいちょう》します。男性《だんせい》の平均身長《へいきんしんちょう》一六〇センチに満《み》たない江戸時代《えどじだい》にあって、まさに巨体《きょたい》ですね。また、その瞳《ひとみ》は黒《くろ》いダイヤモンドのようにキラキラしていたといいます。そのうえ広《ひろ》い心《こころ》をもち、よく仲間《なかま》や後輩《こうはい》たちの面倒《めんどう》を見《み》たので、若者《わかもの》たちのリーダー的存在《てきそんざい》になりました。

そんな隆盛《たかもり》に藩主《はんしゅ》の島津斉彬《しまづなりあきら》も目《め》をかけ、庭方役《にわかたやく》（秘書的《ひしょてき》な役職《やくしょく》で、藩主《はんしゅ》の命令《めいれい》をうけて極秘《ごくひ》の行動《こうどう》をおこなう）に登用《とうよう》しました。西郷《さいごう》は斉彬《なりあきら》の指示《しじ》で一橋慶喜《ひとつばしよしのぶ》を次《つぎ》の将軍《しょうぐん》にするため、京都《きょうと》などで熱心《ねっしん》に政治活動《せいじかつどう》をおこないます。ところがやがて、大老《たいろう》の井伊《いい》直弼《なおすけ》が一橋派《ひとつばしは》の人《ひと》びとを弾圧《だんあつ》しはじめたのです。このとき隆盛《たかもり》は、仲《なか》の良《よ》かった清水寺《きよみずでら》

西郷《さいごう》が奄美大島《あまみおおしま》ですごした家《いえ》は現在《げんざい》「西郷南洲謫居跡《さいごうなんしゅうたっきょあと》」として公開《こうかい》されています。

の僧《そう》、月照《げっしょう》を鹿児島《かごしま》にかくまおうとしますが、薩摩藩《さつまはん》は幕府《ばくふ》の追及《ついきゅう》をおそれて認《みと》めませんでした。これより前《まえ》、主君《しゅくん》の斉彬《なりあきら》が急死《きゅうし》したこともあり、絶望《ぜつぼう》した隆盛《たかもり》は月照《げっしょう》と海《うみ》に飛《と》びこみました。月照《げっしょう》は死《し》にますが、隆盛《たかもり》は息《いき》を吹《ふ》き返《かえ》します。隆盛《たかもり》の才能《さいのう》をおしんだ薩摩藩《さつまはん》は、死《し》んだことにして奄美大島《あまみおおしま》へ移《うつ》しました。ここで隆盛《たかもり》は、愛加那《あいかな》と結婚《けっこん》して子《こ》どもをもうけました。

●薩摩《さつま》のリーダーとして幕末《ばくまつ》をかけぬける

およそ三年後《ねんご》、隆盛《たかもり》は島《しま》から出《で》ますが、新《あたら》しい藩主《はんしゅ》・島津忠義《しまづただよし》の実父《じっぷ》・久光《ひさみつ》にうとまれ、ふたたび島流《しまなが》しとなってしまいます。けれど、人望《じんぼう》が厚《あつ》く政治力《せいじりょく》にすぐれていたので元治元年《げんじがんねん》（一八六四）に許《ゆる》され、同年《どうねん》、京都《きょうと》に乱入《らんにゅう》した長州軍《ちょうしゅうぐん》を軍事指揮官《ぐんじしきかん》として撃退《げきたい》したことで、広《ひろ》く人《ひと》びとに知《し》られるようになりました。以後《いご》、薩摩藩《さつまはん》の中心《ちゅうしん》となり、慶応《けいおう》二年《ねん》（一八六六）には長州藩《ちょうしゅうはん》と同盟《どうめい》を結《むす》んで、幕府《ばくふ》を倒《たお》す運動《うんどう》をすすめていきます。

ただ、実力者《じつりょくしゃ》となっても私服《しふく》をこやすことはなく、家《いえ》も雨漏《あまも》りがひどかったといいます。土佐《とさ》の浪人《ろうにん》・坂本龍馬《さかもとりょうま》が西郷家《さいごうけ》に滞在《たいざい》したとき、龍馬《りょうま》から「使《つか》い古《ふる》しでよいから西《さい》郷《ごう》のふんどしを貸《か》してくれ」と言《い》われた隆盛《たかもり》の妻《つま》・糸子《いとこ》は、本当《ほんとう》に古《ふる》ふんどしを渡《わた》したそうです。これを知《し》った隆盛《たかもり》は、新《あたら》しいものを龍馬《りょうま》に渡《わた》しましたが、もし金銭《きんせん》に余裕《よゆう》があれば糸子《いとこ》もそんなことはしなかったでしょうから、隆盛《たかもり》という人柄《ひとがら》がよくわかります。

幕府《ばくふ》の将軍徳川慶喜《しょうぐんとくがわよしのぶ》は慶応《けいおう》三年《ねん》（一八六七）十月《がつ》、ついに政権《せいけん》を朝廷《ちょうてい》へ返《かえ》します。これを受《う》けて一二月《がつ》に朝廷《ちょうてい》の新政府《しんせいふ》が成立《せいりつ》しますが、徳川家《とくがわけ》を政府《せいふ》に参加《さんか》させず領地《りょうち》の返《へん》還《かん》をせまりました。このため翌慶応《よくけいおう》四年正月《ねんしょうがつ》、旧幕府軍《きゅうばくふぐん》と新政府軍《しんせいふぐん》（薩長軍《さっちょうぐん》）の武力衝《ぶりょくしょう》突《とつ》が起《お》こり（鳥羽《とば》・伏見《ふしみ》の戦《たたか》い）、敗《やぶ》れた前将軍徳川慶喜《ぜんしょうぐんとくがわよしのぶ》は大坂城《おおさかじょう》から江戸《えど》へにげました。そこで新政府《しんせいふ》は慶喜《よしのぶ》を討《う》つため大軍《たいぐん》を江戸《えど》へ派遣《はけん》しますが、そのときの実質的《じっしつてき》なリーダ

明治時代《めいじじだい》の勝海舟《かつかいしゅう》。勝《かつ》の墓《はか》の隣《となり》には勝《かつ》がつくった西郷《さいごう》をたたえる石碑《せきひ》があります。

明治時代《めいじじだい》の大久保利通《おおくぼとしみち》。西南戦争《せいなんせんそう》の次《つぎ》の年《とし》、東京《とうきょう》の千代田区《ちよだく》にある紀尾井坂《きおいざか》で暗殺《あんさつ》されました。

ーが隆盛《たかもり》でした。

江戸《えど》に着《つ》いた隆盛《たかもり》は、徳川家《とくがわけ》の責任者《せきにんしゃ》である勝海舟《かつかいしゅう》と会談《かいだん》しました。このとき勝《かつ》から「江戸《えど》の攻撃《こうげき》を中止《ちゅうし》して城下《じょうか》の人《ひと》びとを救《すく》ってほしい。おとなしく謹慎《きんしん》している慶喜《よしのぶ》の命《いのち》を助《たす》けてほしい」と頼《たの》みました。隆盛《たかもり》は徹底的《てっていてき》に江戸《えど》を攻《せ》め、慶喜《よしのぶ》を倒《たお》そうと決意《けつい》していましたが、最終的《さいしゅうてき》に勝《かつ》の依頼《いらい》を受《う》けいれ、独断《どくだん》で攻撃《こうげき》の中止《ちゅうし》を決定《けってい》したのです。勝《かつ》海舟《かいしゅう》はのちに「この西郷《さいごう》の英断《えいだん》によって、百万《ひゃくまん》の人《ひと》びとの命《いのち》が救《すく》われた」と大《おお》いにたたえています。

●いくつもの改革《かいかく》をおこなった明治時代《めいじじだい》

その後《ご》、新政府《しんせいふ》が受《う》け取《と》った江戸城《えどじょう》には明治天皇《めいじてんのう》が入《はい》り、江戸《えど》は東京《とうきょう》と改称《かいしょう》され首都《しゅと》になります。また政府《せいふ》は、東北《とうほく》や北海道《ほっかいどう》を武力《ぶりょく》で平定《へいてい》して日本《にほん》を統一《とういつ》しました。こうして明治維新《めいじいしん》の最大《さいだい》の功労者《こうろうしゃ》となった隆盛《たかもり》ですが、戊辰戦争《ぼしんせんそう》が終《お》わると鹿児島《かごしま》へ戻《もど》ってしまいます。新政府《しんせいふ》の高官《こうかん》がぜいたくをしたり、役人《やくにん》が不正《ふせい》をはたらくのを見《み》て、政府《せいふ》に失望《しつぼう》したからだといいます。隆盛《たかもり》は以後《いご》、鹿児島《かごしま》で藩政改革《はんせいかいかく》に取《と》り組《く》むようになりました。

明治《めいじ》三年《ねん》（一八七〇）、政府《せいふ》の中心《ちゅうしん》となった大久保利通《おおくぼとしみち》と木戸孝允《きどたかよし》は、不安定《ふあんてい》な政府《せいふ》の権限《けんげん》を強《つよ》くしたいと考《かんが》え、隆盛《たかもり》に「上京《じょうきょう》して力《ちから》を貸《か》してほしい」とたびたび頼《たの》みました。そこでついに隆盛《たかもり》は大軍《たいぐん》を連《つ》れて東京《とうきょう》にやってきます。当時《とうじ》はまだ多《おお》くの藩《はん》があり、各藩《かくはん》は藩主《はんしゅ》のもとそれぞれの領地《りょうち》で独自《どくじ》の政治《せいじ》をおこなっていました。

やがて木戸《きど》と大久保《おおくぼ》は、そんな藩《はん》を廃止《はいし》しようと決意《けつい》します。ただ、そのためには強《きょう》大《だい》な軍事力《ぐんじりょく》を持《も》つ隆盛《たかもり》の助《たす》けがどうしても必要《ひつよう》でした。けれどこの政策《せいさく》は、隆盛《たかもり》が改革《かいかく》をすすめた薩摩藩《さつまはん》をつぶすことになるので、「果《は》たして西郷《さいごう》が了解《りょうかい》するだろうか」と心《しん》配《ぱい》しました。しかし隆盛《たかもり》は賛成《さんせい》したのです。時代《じだい》の流《なが》れだと考《かんが》えたのでしょう。こうし

西南戦争《せいなんせんそう》の熊本城《くまもとじょう》の戦《たたか》いを描《えが》いた版画《はんが》。作者《さくしゃ》の月岡芳年《つきおかよしとし》は西南戦争《せいなんせんそう》の版画《はんが》を多《おお》く残《のこ》しています。

て明治《めいじ》四年《ねん》（一八七一）、西郷率《さいごうひき》いる薩摩軍《さつまぐん》のほか、長州《ちょうしゅう》・土佐《とさ》の軍事力《ぐんじりょく》を背景《はいけい》に、藩《はん》が廃止《はいし》され県《けん》が置《お》かれました。中央政府《ちゅうおうせいふ》からは県《けん》を支配《しはい》する役人《やくにん》が派遣《はけん》され、政府《せいふ》が全《ぜん》国《こく》を支配《しはい》することになりました。この廃藩置県《はいはんちけん》は、隆盛《たかもり》が力《ちから》を貸《か》したからこそ成功《せいこう》したのです。

同年《どうねん》、大久保《おおくぼ》や木戸《きど》は岩倉使節団《いわくらしせつだん》に参加《さんか》して欧米《おうべい》へ行《い》きますが、この間《かん》、隆盛《たかもり》が政府《せいふ》の中心《ちゅうしん》になり、徴兵令《ちょうへいれい》、地租改正《ちそかいせい》、学制《がくせい》などさまざまな改革《かいかく》をすすめました。当時《とうじ》、朝《ちょう》鮮《せん》が開国《かいこく》を拒《こば》んでいたので、西郷《さいごう》は自分《じぶん》が使《つか》いとなって説得《せっとく》しようと考《かんが》えます。ただ、もし話《はな》し合《あ》いが決裂《けつれつ》したら戦争《せんそう》も考《かんが》えていたといいます（征韓論《せいかんろん》）。ところが、帰国《きこく》した大久保《おおくぼ》らは征韓論《せいかんろん》に強《つよ》く反対《はんたい》し、隆盛《たかもり》の渡海《とかい》を中止《ちゅうし》させました。このため隆盛《たかもり》は政府《せいふ》をやめ、鹿児島《かごしま》に戻《もど》りました。多数《たすう》の鹿児島県士族《かごしまけんしぞく》もこれに従《したが》ったので、隆盛《たかもり》は彼《かれ》らのために私学校《しがっこう》をつくりますが、運営費《うんえいひ》の一部《いちぶ》は鹿児島県《かごしまけん》が出《だ》し、私学校出身者《しがっこうしゅっしんしゃ》が県《けん》の職《しょく》員《いん》や警察官《けいさつかん》に採用《さいよう》され、まるで鹿児島県《かごしまけん》は西郷隆盛《さいごうたかもり》をリーダーとする独立国《どくりつこく》のような状《じょう》態《たい》になりました。

そこで明治政府《めいじせいふ》の実力者大久保利通《じつりょくしゃおおくぼとしみち》は、明治《めいじ》十年《ねん》（一八七七）、私学校生徒《しがっこうせいと》を挑発《ちょうはつ》し暴発《ぼうはつ》させました。これを知《し》った隆盛《たかもり》は「しまった！」と叫《さけ》んだといいます。挙兵《きょへい》するつもりはなかったのです。西郷軍《さいごうぐん》は大挙《たいきょ》して東京《とうきょう》へ向《む》かいますが、途中《とちゅう》、熊本城《くまもとじょう》をなかなか落《お》とすことができず、続々《ぞくぞく》と上陸《じょうりく》してくる政府軍《せいふぐん》が次第《しだい》に優勢《ゆうせい》となり、ついに西郷軍《さいごうぐん》は崩《くず》れ、隆盛《たかもり》は鹿児島《かごしま》の城山《しろやま》に籠《こ》もり自害《じがい》して果《は》てました。

しかし死《し》んだ後《ご》も西郷隆盛《さいごうたかもり》の人気《にんき》は衰《おとろ》えず、政府《せいふ》からその罪《つみ》を許《ゆる》されると、西郷《さいごう》の言《こと》葉《ば》をまとめた本《ほん》が出版《しゅっぱん》され、上野《うえの》に銅像《どうぞう》が立《た》ちました。反乱《はんらん》を起《お》こしたにもかかわらず、このように隆盛《たかもり》が尊敬《そんけい》されるのは、自分《じぶん》のためではなく人《ひと》びとの幸《しあわ》せのために行動《こうどう》し続《つづ》けたからだと思《おも》います。

年表《ねんぴょう》

西郷隆盛《さいごう・たかもり》

年表《ねんぴょう》の見方《みかた》

◆（ ）の年齢《ねんれい》は、当時《とうじ》の日本《にほん》でつかわれていた、生《う》まれたときを一歳《さい》とする「数《かぞ》え年《どし》」であらわしています。

◆下《した》の段《だん》のふとい文字《もじ》は日本《にほん》のできごと、ほそい文字《もじ》は世界《せかい》のできごとをあらわしています。

西暦《せいれき》（年齢《ねんれい》）	おもなできごと
一八二七年《ねん》（1）	二月《がつ》、薩摩藩《さつまはん》、下加治屋町《しもかじやちょう》に西郷吉兵衛《さいごうきちべえ》の長男《ちょうなん》として生《う》まれる。
一八四一年《ねん》（15）	元服《げんぷく》して吉之助《きちのすけ》と名乗《なの》る。
一八四四年《ねん》（18）	薩摩藩《さつまはん》の郡方書役助《こおりかたかきやくたすけ》となる。
一八五三年《ねん》（27）	このころ農政《のうせい》に関《かん》する建言書《けんげんしょ》を提出《ていしゅつ》し、藩主《はんしゅ》・島津斉彬《しまづなりあきら》の目《め》にとまる。
一八五四年《ねん》（28）	中小姓《ちゅうこしょう》となり、江戸《えど》へ行《い》く。島津斉彬《しまづなりあきら》の庭方役《にわかたやく》となり、藤田《ふじた》東湖《とうこ》と会《あ》う。
一八五五年《ねん》（29）	越前藩士《えちぜんはんし》・橋本左内《はしもとさない》と会《あ》う。
一八五七年《ねん》（31）	橋本左内《はしもとさない》とともに一橋慶喜《ひとつばしよしのぶ》を将軍《しょうぐん》にするため活動《かつどう》する。
一八五八年《ねん》（32）	島津斉彬《しまづなりあきら》が亡《な》くなる。

日本《にほん》（世界《せかい》）のできごと	
一八三三	**天保《てんぽう》のききんがはじまる。**
一八四〇	中国《ちゅうごく》（清《しん》）でアヘン戦争《せんそう》が起《お》きる。
一八五四	**日米和親条約調印《にちべいわしんじょうやくちょういん》。**
一八五七	インドでシパーヒーの乱《らん》が起《お》きる。
一八五八	**日米修好通商条約調印《にちべいしゅうこうつうしょうじょうやくちょういん》。安政《あんせい》の大獄《たいごく》が起《お》きる。**
一八六〇	**桜田門外《さくらだもんがい》の変《へん》が起《お》きる。**
一八六一	アメリカで南北戦争《なんぼくせんそう》が起《お》きる。

一八五九年《ねん》	（33）	清水寺《きよみずでら》の僧侶《そうりょ》・月照《げっしょう》と入水《じゅすい》するが助《たす》かる。その後《ご》、奄美大島《あまみおおしま》に身《み》をかくす。
一八六二年《ねん》	（36）	愛加那《あいかな》と結婚《けっこん》する。薩摩藩《さつまはん》にもどるが、島津久光《しまづひさみつ》の怒《いか》りを買《か》い、沖永良部島《おきのえらぶじま》に流《なが》される。
一八六四年《ねん》	（38）	薩摩藩《さつまはん》にもどり、禁門《きんもん》の変《へん》で活躍《かつやく》する。征長軍総督《せいちょうぐんそうとく》となる。江戸幕府《えどばくふ》の海軍奉行《かいぐんぶぎょう》、勝海舟《かつかいしゅう》と会《あ》う。
一八六五年《ねん》	（39）	岩山糸子《いわやまいとこ》と結婚《けっこん》する。
一八六六年《ねん》	（40）	京都《きょうと》で木戸孝允《きどたかよし》と会談《かいだん》し、薩長同盟《さっちょうどうめい》を結《むす》ぶ。
一八六八年《ねん》	（42）	江戸《えど》で勝海舟《かつかいしゅう》と会見《かいけん》し、戦《たたか》わずに江戸城開城《えどじょうかいじょう》を決《き》める。
一八六九年《ねん》	（43）	戊辰戦争《ぼしんせんそう》が終《お》わったあと、薩摩《さつま》へもどる。
一八七一年《ねん》	（45）	明治政府《めいじせいふ》に参議《さんぎ》として参加《さんか》。廃藩置県《はいはんちけん》などの改革《かいかく》を進《すす》める。
一八七二年《ねん》	（46）	陸軍元帥《りくぐんげんすい》となる。
一八七三年《ねん》	（47）	朝鮮《ちょうせん》への使節派遣《しせつはけん》で対立《たいりつ》し、明治政府《めいじせいふ》を辞職《じしょく》、鹿児島《かごしま》へもどる。
一八七四年《ねん》	（48）	鹿児島《かごしま》で私学校《しがっこう》をつくる。
一八七七年《ねん》	（51）	西南戦争《せいなんせんそう》が起《お》こる。三月《がつ》、田原坂《たばるざか》の戦《たたか》いで政府軍《せいふぐん》に敗《やぶ》れる。九月《がつ》二四日《か》、城山《しろやま》で亡《な》くなる。

一八六二	生麦事件《なまむぎじけん》が起《お》きる。
一八六三	薩英戦争《さつえいせんそう》が起《お》きる。八月《はちがつ》十八日《にち》の政変《せいへん》が起《お》きる。
一八六四	禁門《きんもん》の変《へん》が起《お》きる。第一次長州征討《だいいちじちょうしゅうせいとう》が起《お》きる。
一八六六	第二次長州征討《だいにじちょうしゅうせいとう》が起《お》きる。
一八六七	徳川慶喜《とくがわよしのぶ》が大政奉還《たいせいほうかん》をおこなう。王政復古《おうせいふっこ》の大号令《だいごうれい》が発布《はっぷ》される。ノーベルがダイナマイトの特許《とっきょ》をとる。
一八六八	鳥羽《とば》・伏見《ふしみ》の戦《たたか》いが起《お》きる（戊辰戦争《ぼしんせんそう》）。五箇条《ごかじょう》の御誓文《ごせいもん》が掲示《けいじ》。明治《めいじ》と改元《かいげん》される。
一八七八	大久保利通《おおくぼとしみち》が暗殺《あんさつ》される。

この本を作った人

まんが		海野そら太
シナリオ		三上修平
監修・解説	多摩大学客員教授	河合　敦
装　丁		シマダヒデアキ（ローカル・サポート・デパートメント）
編　集		ウェルテ

参考文献

北康利『**西郷隆盛　命もいらず　名もいらず**』（ワック　2013）／松尾千歳『**西郷隆盛と薩摩**』（吉川弘文館　2014）／田中惣五郎『**人物叢書　西郷隆盛**』（吉川弘文館　1985）／五代夏夫『**西郷隆盛のすべて**』（新人物往来社　1985）／猪飼隆明『**西郷隆盛-西南戦争への道**』（岩波新書　1992）／早川幹夫『**仕末に困る人　西郷吉之助**』（学生サービスセンター　2010）／海音寺潮五郎『**史伝　西郷隆盛**』（文春文庫　1989）／佐高信『**西郷隆盛伝説**』（角川文庫　2010）／小川原正道『**西南戦争－西郷隆盛と日本最後の内戦**』（中央公論新社　2007）／『**図説・幕末戊辰西南戦争決定版（歴史群像シリーズ）**』（学研　2006）／立元幸治『**器量と人望　西郷隆盛という磁力**』（PHP研究所　2010）／童門冬二『**西郷隆盛　人を魅きつける力**』（PHP研究所 2017）／中西立太『**日本の軍装―幕末から日露戦争**』（大日本絵画　2006）／『**レンズが撮らえた幕末維新の志士たち**』（小沢健志・監修　山川出版社　2012）／幕末軍事史研究会『**武器と防具　幕末編**』（新紀元社　2008）／『**西郷どんのひみつ**』（ぴあ　2017）

写真提供・資料・取材協力

PPS 通信社／アフロ（近現代 PL・読売新聞）／南洲神社／維新ふるさと館／京都歴史地理同考会

学習まんが　世界の伝記NEXT
西郷隆盛

2017年11月29日　第1刷発行
2018年 2 月20日　第2刷発行

まんが	海野《うんの》そら太《た》
シナリオ	三上《みかみ》修平《しゅうへい》
発行者	北畠輝幸
発行所	株式会社　集英社 〒101-8050　東京都千代田区一ツ橋 2-5-10 編集部(03)3230-6144 読者係(03)3230-6080 販売部(03)3230-6393（書店専用）
印刷所	凸版印刷株式会社
製本所	株式会社ブックアート

 ISBN 978-4-08-240074-3　C8323　NDC289

もっと知《し》りたい！ 西郷隆盛《さいごうたかもり》
西郷《さいごう》が歩《あゆ》んだ「幕末明治《ばくまつめいじ》の道《みち》」！

薩摩藩《さつまはん》の中心人物《ちゅうしんじんぶつ》であり、明治維新《めいじいしん》をなしとげた西郷隆盛《さいごうたかもり》。
そんな西郷《さいごう》の足跡《あしあと》が残《のこ》る「幕末明治《ばくまつめいじ》の道《みち》」をたどってみましょう！

東京《とうきょう》
3
2
京都《きょうと》
1
鹿児島《かごしま》

わしのことがもっとわかるぞ!!

1 鹿児島 かごしま

薩摩《さつま》はわしの生《う》まれ故郷《こきょう》じゃ！

■西郷隆盛《さいごうたかもり》が生《う》まれ、西南戦《せいなんせん》争《そう》で最後《さいご》まで戦《たたか》った鹿児島《かごしま》（薩《さつ》摩《ま》）。ここには銅像《どうぞう》や神社《じんじゃ》、戦《せん》場《じょう》や亡《な》くなった場所《ばしょ》など西郷《さいごう》ゆかりの地《ち》がたくさんあります。

南洲神社《なんしゅうじんじゃ》

▲西郷隆盛《さいごうたかもり》をはじめ、西南戦争《せいなんせんそう》で戦《たたか》った人《ひと》たちのお墓《はか》があります。

維新《いしん》ふるさと館《かん》

◀幕末《ばくまつ》の薩摩藩《さつまはん》の様子《ようす》や、西郷《さいごう》や大久保利通《おおくぼとしみち》などの英《えい》雄《ゆう》の業績《ぎょうせき》を紹介《しょうかい》しています。

▶西南戦争《せいなんせんそう》で新政府軍《しんせいふぐん》に破《やぶ》れ、自刃《じじん》した城山《しろやま》にある銅像《どうぞう》。